山东工商学院博士基金资助

U0602520

个人账户制改革
对公共养老金制度
财务可持续的影响研究

李亚军／著

中国财经出版传媒集团

经济科学出版社
Economic Science Press

图书在版编目（CIP）数据

个人账户制改革对公共养老金制度财务可持续的影响
研究/李亚军著．—北京：经济科学出版社，2018.10
ISBN 978－7－5141－9898－0

Ⅰ.①个… Ⅱ.①李… Ⅲ.①退休金-财务制度-研
究-中国 Ⅳ.①F249.213.4

中国版本图书馆 CIP 数据核字（2018）第 251966 号

责任编辑：顾瑞兰
责任校对：蒋子明
责任印制：邱　天

个人账户制改革对公共养老金制度财务可持续的影响研究
李亚军　著
经济科学出版社出版、发行　新华书店经销
社址：北京市海淀区阜成路甲 28 号　邮编：100142
编辑部电话：010－88191441　发行部电话：010－88191522
网址：www. esp. com. cn
电子邮件：esp_bj@ 163. com
天猫网店：经济科学出版社旗舰店
网址：http：//jjkxcbs. tmall. com
固安华明印业有限公司印装
880×1230　32 开　印张6.375　200000 字
2018 年 10 月第 1 版　2018 年 10 月第 1 次印刷
ISBN 978－7－5141－9898－0　定价：49.00 元
（图书出现印装问题，本社负责调换。电话：**010－88191510**）
（版权所有　侵权必究　举报电话：**010－88191586**
电子邮箱：**dbts@esp. com. cn**）

序　言

　　养老金制度的实质就是一个烫平终身消费的"储钱罐"。这个"储钱罐"形式的变化是人类不断适应社会经济形势及其决定的社会保障理念变化的结果。无论是人类进入工业社会后这个"储钱罐"由家庭扩展到社会，还是二战后大多数国家建立了现收现付待遇确定型公共养老金制度，都是对当时社会经济条件和社会保障理念的适应。随着养老保障的社会化、制度化，政府加大了对养老金制度的干预，并赋予其更多的养老保障外的附加职能，如保持社会稳定和经济增长等，同时也承担了保证制度财务可持续的责任。

　　20世纪70年代以来，世界经济和人口结构发生了巨大的变化，这些变化使现收现付待遇确定型公共养老金制度面临着潜在的财务不可持续危机，进而诱发了人们对支撑养老金制度的理念的反思。为适应新的社会经济环境，全世界几乎所有国家和地区都对公共养老金制度进行了改革。其中，在公共养老金制度中引入个人账户的改革在理论上成为关注的焦点，在实践上受到越来越国家的青睐。本书研究认为，个人账户改革的三个特征是其有利于保持制度财务可持续的原因。第一，理论上引入个人账户可以矫正现收现付待遇确定型公共养老金制度对个人储蓄和退休决策行为的扭曲；第二，引入个人账户将融资责任向个人转移并强化了缴费与待遇的联系，这在一定程度上可以锁定养老金债务上升，控制待遇支出膨胀，特别是短期财政支出的压力；第三，个人账户较现收现付待遇确定型养老金制度设计更符合心理账户核算规律，对人口老龄化和宏观经济变动等外部冲击更容易内化为个人行为的转变，因此，制度的激励约束机制更有效。同时，本书总结了个人账户改革上述优势发挥的先决条件。

个人账户改革在理论上更有利于提高制度财务可持续能力，但受到诸多条件的限制。为此，本书首先对20世纪90年代以来引入个人账户制度的国家从模式层面进行实证研究。结果显示，引入个人账户的国家并没有明显显示出理论上所预期的在提高制度财务可持续能力方面的优势，但发现引入个人账户的国家在改革后财务可持续能力变化差异很大，部分国家改革后财务可持续能力有很大提高。接着，本书选择了两对典型的案例国家，从改革背景、制度遗产、账户设计和转型方式等方面探讨了各国引入个人账户制度后财务可持续能力出现较大差异的根源，并尝试解释了模式层面的实证研究结果和理论预期出现偏离的原因。最后，本书总结了国外个人账户改革成功国家的经验及没有达到预期效果国家的教训，分析了中国"统账结合"公共养老金制度面临的困境及其出现的原因，并结合国外实践经验和教训提出了可能有利于保持"统账结合"制度财务可持续的进一步改革设想。

目　录

第一章 绪 论

第一节 研究背景及目的

一、研究背景和意义

1889 年，德国颁布了世界上第一部养老金制度法律——《劳工老年残疾保险法》，标志着公共养老金制度的诞生。此后，各国纷纷效法德国，通过立法强制建立了公共养老金制度。当时，大多数国家的制度是基于社会保险原则，通过缴费获得养老金待遇的俾斯麦模式，基金积累是主要融资方式。但两次世界大战对欧洲各国以俾斯麦模式为主的养老保险制度造成了毁灭性打击。战争使养老金资产几乎损失殆尽，改变了公共养老金制度发展的方向。战后，凯恩斯主义成为宏观经济的主流，贝弗里奇模式、福利模式兴起。20 世纪 40~50 年代，各国的养老金制度逐渐由缴费的社会保险转向缴税的社会保障，融资方式几乎全采取现收现付制，给付方式采取待遇确定。20 世纪 50~70 年代，世界经济快速增长为公共养老金制度覆盖面扩大提供了条件，参保人数持续上升。由于婴儿潮一代开始进入劳动市场，降低了制度抚养比，虽然福利待遇大幅提高，但各国的现收现付制养老金运行良好。在这一时期，扩大覆盖面、提高待遇水平是公共养老金制度改革的主流，潜在的财务可持续问题并没有引起人们的注意。

从 20 世纪 70 年代起，主要发达国家的现收现付待遇确定养老金制度开始面临现实或潜在的财务可持续危机。原因包括：两次世界性经济危机终结了福利国家的高经济增长；人口出生率下降和预期寿命上升引起的人口老龄化影响开始显现；福利制度成熟基本实现全覆盖，新参保人数增长放缓；给付的待遇确定导致支出膨胀等。由于公共养老金的融资是"税"而非"费"且是立法强制的，政府就负有在收支不平衡时补足资金缺口的责任，这样养老金制度财务危机就转化为财政危机。在这种情况下，全世界几乎所有的经济体都将养老金列入改革日程。20 世纪 80 年代，有的国家开始考虑在公共养老金制度引入个人账户或将自愿性养老金账户改造为强制性制度，从待遇确定现收现付制向缴费确定完全积累制转轨。1981 年，智利开始了被誉为"养老金革命"的私有化改革，拉开了养老保障强制性账户制改革的序幕，该制度在 20 世纪 90 年代先后被拉美国家、中东欧国家和澳大利亚所效仿。

现收现付制向基金制转轨面临的首要问题是巨额转轨成本。所谓转轨成本指从现收现付制度转向积累制后，当前缴费进入个人账户，不再为已退休人员提供资金，从而需要政府为在现收现付制下已退休的人员提供资金，并未对尚未退休的过渡一代人员过去缴费进行补偿。转轨成本包括显性化了的现收现付制下的隐性债务及其他补偿性支出。据估计，经济合作与发展组织（OECD）国家、东欧国家以及部分拉美国家的公共养老金支出在 1996 ~ 1997 年时占到 GDP 的 5% ~ 17.6%[①]，隐性债务规模高达 GDP 的 150% ~ 300%[②]。此外，转轨还面临巨大的政治压力。因此，一些国家开始探索在保持现收现付融资方式不变前提下，通过将给付方式由待遇确定改为缴费确定解决财务可持续问题的改革。在这种背景下，20 世纪 90 年代中期，出现了一种新的个人账

---

① Orenstein, M. A., "Privatizing Pensions: The Transnational Campaign for Social Security Reforms", Princeton University Press, Press, 2008, p31.

② The World Bank, "Averting the Old Age Crisis", Oxford University Press, 1994, p270.

户形式——名义账户制。该制度实现微观预筹集累与宏观现收现付融资的有效结合，即强化了个人核算、激励和积累机制，又避免了巨额隐性成本显性化。1995 年后，瑞典、意大利、蒙古等欧亚 7 国的公共养老金制度先后进行了名义账户改革。

个人账户的出现和发展引起了国际机构的关注，世界银行对各国的养老金制度改革进行了概括，将上述改革称为"结构式"改革，即对现收现付和待遇确定两个传统养老金制度的根本属性的部分或全部进行根本性改革。与结构式改革并行的还有"参量式"改革，即在不改变现收现付和待遇确定基本属性的前提下，对原制度的一些具体政策措施进行调整，例如，增加退休年龄、延长缴费年限、强化缴费待遇对应性等[①]。由于"结构式"改革的难度大，世界上采取"参量式"改革的国家更多。

个人账户改革已近而立之年，名义账户制问世也十几年了。关于不同的个人账户制改革与对现收现付待遇确定型养老金进行参数式改革的绩效高低，理论界一直争论不断，焦点是制度财务平衡能力和长期可持续性问题。从理论上讲，引入个人账户强化了缴费与待遇的联系，强调养老的个人责任，其激励机制更大，对储蓄和劳动行为的扭曲小，但"参数式"改革在一定程度上也可以实现这些目标。因此，从理论上梳理强制性养老金账户制改革的激励机制和约束条件，并对账户制改革对财务可持续的作用进行比较和实证研究，具有一定的理论意义。

中国在 1997 年正式建立的"统账结合"部分积累公共养老金制度也属于账户制改革。"统账结合"的设计思想符合分离公共养老金制度储蓄和再分配功能的国际趋势，可以避免随着老龄化加深和支出膨胀而引起的扭曲和承诺不可兑现局面。但由于"未富先老"的特殊国情、先天的制度设计不足和后天的政策执行走样等原因，中国的个人账户在相当程度上脱离了部分积累的制度设

---

① 关于世界银行对养老金改革的分类，详见：罗伯特·霍尔茨曼与理查德·欣茨等著，郑秉文等译：《21 世纪的老年收入保障——养老金制度改革国际比较》，中国劳动社会保障出版社 2006 年版，第 88 – 89 页。

计初衷，导致目前制度运行问题重重。例如，个人账户长期"空账"运行问题、制度碎片化严重问题、积累方式及基金保值增值困境问题。"统账结合"制度存在的问题使未来中国公共养老基金制度在发挥基本保障功能的前提下实现财务可持续的难度更大。理论界对是做实个人账户还是改造为名义账户还在进行着激烈的争论。"做实"试点开始后，资金的投资管理面临的保值增值困境也成为亟待解决的问题。中国已经步入老龄化社会，但养老金制度框架仍尚未完全确定，这不仅不利于未来老年人收入保障，而且可能成为影响未来经济发展和社会和谐的潜在风险。因此，研究和总结国外强制性养老金账户制改革的经验教训对处在十字路口的"统账结合"公共养老金制度改革具有重要的启示和借鉴意义。

二、研究目的

个人账户起源于 1981 年的智利养老金改革。经过 30 余年的发展，逐步扩展到全球几十个国家和地区。个人账户的类型也从实账积累缴费确定制一种发展到与名义账户制、实账积累待遇确定制并存的多种形式。个人账户制被越来越多的国家和地区采用，并成为世界公共养老金改革的一个重要趋势，主要原因是直观上个人账户可能有助于解决日益严重的制度财务不可持续问题。

许多学者和国际机构对个人账户改革可能的促进财务可持续的作用进行了研究，主要集中在关于现收现付和积累制对人口老龄化的冲击应对能力、待遇确定和缴费确定对个人储蓄和劳动的激励作用等方面。通过大量的阅读，笔者发现，由于研究的视角、使用的方法和数据不同，研究的结论差异很大。因此，现有文献并不能很好地回答以下四个人们普遍关心的问题：1. 引入个人账户的国家改革后公共养老金制度财务可持续能力是否整体上比参数式改革国家强？2. 如果个人账户的确较传统现收现付待遇确定公共养老金制度有更强的保持财务可持续能力，其内在机制是什么？3. 不同类型的个人账户改革对制度财务可持续作用的影响是否相同？4. 实行同一类型个人账户改革的国家在改革以后制度财务可持续能力为何呈现巨大的差异？

本书拟通过以下四个步骤尝试回答上述四个问题。首先以行为经济学的心理账户理论为基础，阐述了个人账户具有较强的激励作用的机理；然后运用统计和计量经济学的研究方法，从模式上比较个人账户是否比参量式改革模式更能提高制度的财务可持续能力；接着用比较研究的方法，对实行个人账户的典型案例国家在改革后财务可持续能力的变化进行对比，并通过比较他们改革的宏观背景和制度设计差异，尝试找出影响个人账户潜在激励作用发挥的因素；最后在总结别国个人账户改革经验教训的基础上，结合中国"统账结合"制度的实际提出一些改革的对策。

第二节 相关概念界定和文献综述

一、相关概念界定

（一）公共养老金制度

现代公共养老金制度的起源可以追溯到 19 世纪末期。1889年，德国开创了以职业为基础收入关联（work-based earning-related）公共养老金制度的先河，1891 年，丹麦建立了世界上第一个待遇统一的普享型（universal flat-rate）公共养老金制度[1]。

早期的公共养老金制度的基本特点是立法强制缴费（税）和公共管理，这两个特点成为界定公共养老金制度的标准，在 1994年世界银行的《转变老龄危机》中也是如此[2]。按此标准，强制性

---

[1] Camila Arza and Martin Kohli, "Pension Reform in Europe: Politics, policies and outcomes", Routledge Tatlor & Francis Group, 2008, p2.

[2] The World Bank, "Averting the Old Age Crisis", Oxford University Press, 1994, p101.

职业养老金和私人养老金由于其私人管理属性被排除在公共养老金体系之外。在 20 世纪 80 年代以前，以公共管理作为公共养老金制度基本属性是合适的，因为没有立法强制缴费的私人养老金和职业养老金计划。但 80 年代以后，传统公共养老金制度的界定方法受到挑战。首先，智利、澳大利亚、英国等国通过立法将私人养老金和职业养老金计划改为强制性缴费制度，资金运营管理和服务提供仍然保持市场竞争。其次，由于职业和私人养老金成为养老保障制度的重要支柱，各国都在给予税收优惠的基础上，强化了对其监管，严格程度接近甚至超过强制性公共管理养老金[①]。最后，职业和私人养老金发展迅速并成为退休收入体系的重要支柱，承担了公共服务职能。这些变化使得公共养老金制度的范围也必须扩大。

按照布坎南对公共物品的定义：任何集团或社团因为任何原因决定通过集体组织提供的商品或服务，都称为公共物品。该定义既包括萨缪尔森和其他经济学家已经确定的纯公共物品，也包括"公共"程度从 0 到 100% 的其他一些商品和服务[②]。按照该定义，国家这个"集体"立法强制的涉及大多数人的职业或私人养老金当然也是公共物品。因此，立法强制缴费（税）和是否承担公共服务职能才是界定公共养老金制度的标准，而公共管理不是必要条件。

本书将公共养老金定义为国家立法缴费（税）并承担一定公共服务职能的退休收入保障制度。目前，流行的分类主要有两个：世界银行五支柱（pillars）模式和 OECD 的三层次（tiers）模式（见表 1 - 1）。根据上面对公共养老金的界定，本书研究的对象是世界银行的第一和第二支柱养老金，也就是 OECD 的第二层次养老金。

---

① Valdés-Prieto, S., "The Economics of Pensions: Principles, Politics, and International Experience", Cambridge University press 1997, p3.
② 詹姆斯·M. 布坎南著，穆怀朋译：《民主财政论：财政制度和个人选择》，商务印书馆 1993 年版，第 20 页。

表1-1 养老金体系的结构

分类	支柱	特征	参与	筹资或担保	职能	层次
公共	0	"基本"或"社会"养老金，至少是社会救助（普享型或家计调查式）	普享型或补救型	预算或一般税收	减贫，再分配	第一层
公共	1	公共养老金计划，公共管理（DB 或 NDB）	强制性	缴费或许有一些金融储备	储蓄	第二层
公共	2	企业或个人养老金计划（部分积累 FF + DB 或完全积累 FDC）	强制性	金融资产	储蓄	第二层
个人	3	企业或个人养老金计划（部分积累 FDB 或完全积累 FDC）	自愿性	金融资产	储蓄	第三层
个人	4	非正式扶持（家庭）、其他正规社会福利计划（医疗保健）以及其他个人金融或非金融资产（房屋所有权）	自愿性	金融和非金融资产	储蓄	第三层

资料来源：罗伯特·霍尔茨曼与理查德·欣茨等著，郑秉文等译：《21 世纪的老年收入保障——养老金制度改革国际比较》，中国劳动社会保障出版社 2006 年版，第 88 页；OECD，"Pensions at a Glance 2009：Retirement-Income Systems in OECD Countries"，2009，p19.

（二）公共养老金个人账户的界定及分类

个人账户是一个金融概念，其基本功能包括：精算核算、簿记、积累和产权证明。公共养老金账户制改革就是对居于统治地位的现收现付待遇确定养老金（PAYG + DB）制度在这四个方面的变革。按照改革对 PAYG + DB 制度的变革方向和程度，20 世纪 80 年代以来的公共养老金引入的个人账户可以分为以下几类：实账积累缴费确定型（FDC）、实账积累待遇确定型（FDB）和名义账户制（NDC）[①]。后文为行文方便就用括号内缩略简称代表。另外，还有一些国家在第二层次公共养老金制度中引入了积分制，

---

① PAYG + DB 是现收现付待遇确定养老金制度英文首字母的简称，实账积累账户和名义账户按此命名规则应该是 FF + DC 和 PAYG + DC。但 FDC、NDC 的叫法已经被学界接受，为此本书按照惯例简写。

旨在强化制度的精算核算和簿记作用，该制度与名义账户制相似，因此本书将积分制也视为名义账户制。

FDC 个人账户是对 PAYG + DB 养老金制度的完全颠覆，包括了个人金融账户的四个基本功能，融资上采取完全积累和金融投资形式，待遇上由 DC 取代 DB。其公共属性最少，缴费与待遇联系最紧密，激励作用最大。NDC 公共养老金制度保留了 PAYG 的融资方式，宏观上仍是公共的，且没有积累功能。但待遇确定方式变为 DC，微观上具有个人账户的四个基本功能，对个人储蓄和劳动供给的激励理论上与 FDC 制度相同。完全积累的 FDB 公共养老金制度并不存在，大多数该类养老金计划是部分积累的，还具备了簿记和产权证明功能，但精算核算功能较弱，没有改变 PAYG + DB 制度的激励机制，改革的力度最低。

从上述分类可以看出，是否以 DC 给付养老金是决定建立个人账户的关键，因此本书排除了 FDB 账户制度，研究的账户类型包括 FDC 和 NDC 两类。

（三）公共养老金制度财务可持续性的界定

财务可持续顾名思义就是缴费（税）与养老金支出长期内平衡。但财务可持续在公共养老金领域并不是一个简单的财务问题，而是一个需要保障老年人退休收入一定替代率水平基础上协调代际公平的复杂问题。世界银行定义的财务可持续是按制度规定的缴费率征收的资金足以应付当前及未来的待遇支付，而不需要提高缴费率、降低待遇水平或由财政补贴买单[①]。由于公共养老金制度分为多个支柱或层次，财务可持续也可以分为狭义和广义两个。狭义的财务可持续实际上是财政可持续，主要针对财政融资或隐性担保的第一层次公共养老金制度。广义的财务可持续则包括第一层次公共养老金制度财政可持续和第二层次实际积累或模拟积累养老金财务上的可持续。

---

① 罗伯特·霍尔茨曼与理查德·欣茨等著，郑秉文等译：《21 世纪的老年收入保障——养老金制度改革国际比较》，中国劳动社会保障出版社 2006 年版，第 12 页。

本书关注狭义的财务可持续，但更关注广义的财务可持续。因为严格讲，私人管理的 FDC 个人账户本身实际上是没有财务不可持续问题；只有实现广义财务可持续，才能实现个人账户改革的目标——保证一定替代率的前提下降低国家财政负担。政府为实现原来 PAYG + DB 养老金制度财务可持续，通过引入个人账户强制缴费并分流部分公共服务，并不意味着政府的摆脱担保或最后贷款人责任。因此，账户制改革必须促进整个公共养老金制度的财务可持续性才能实现改革的目标，理由如下：

第一，强制性个人养老金账户和第一层次再分配的基本养老金共同承担着保障退休人员基本生活的责任，两个层次公共养老金的财务可持续性是相互关联的。如果个人账户财务能力增强，意味着第一层次养老金负担减少，财务可持续能力增强，反之亦反。

第二，公共养老金个人账户是国家立法强制建立的，这本身就意味着政府不可能没有担保或隐性担保责任，如果制度出现财务不可持续，最后贷款者仍然是国家。公共管理 FDB 个人账户显然是国家责任，而私人 FDB 个人账户往往也需要国家提供保险。NDC 个人账户没有实际积累，缴费已经以 PAYG 的方式支付给以前退休人员，作为发起人的国家必须保证不低于经济增长的或同通货膨胀的名义收益率。FDC 个人账户从理论上看没有财务可持续问题，但实际却离不开国家隐性担保。在被冠以"私有化"称号的智利，政府实际上也提供了三个担保：保证 100% 的最低年金；保证 75% 的年金要高于最低年金，当养老基金管理局（AF-Ps）的资产耗尽时由财政负担；最低养老金价格指数化的保证[①]。

二、文献综述

（一）关于基金制与现收现付制的比较

现收现付制与基金制的争论由来已久。虽然涉及个人账户和

---

① Iglesias-Palau, A. ,"Pension Reform in Chile Revisited: What Has Been Learned?", OECD Social, Employment and Migration Working Papers, 2009 No. 86, p11.

制度财务可持续的问题，但论战双方主要以养老金制度适合的宏观经济条件及其对经济增长的影响，特别是对私人储蓄的影响为主要论题。

1958 年，萨缪尔森（Paul Samuelson）就用世代交叠模型论证了现收现付制帕累托有效的条件，即人口增长率与实际工资增长率之和等于基于税基增长率的隐性收益率[①]。艾伦（Henry Aaron）1966 年在实际工资增长和利率外生条件下论证了现收现付帕累托有效的条件，即人口增长率与实际工资增长率之和大于市场利率，反之基金制有效[②]。萨缪尔森和艾伦的研究引起了基金制和现收现付制长期的争论。

20 世纪 70 年代以后，随着人口老龄化加深和福利膨胀，关于现收现付和基金制对储蓄和劳动供给的比较研究不断出现。1974 年，费尔德斯坦（Martin Feldstein）以美国数据证明了现收现付制社会保障制度降低了私人储蓄[③]。1992 年，费尔德斯坦和萨姆维克（Andrew Samwick）又用美国数据证明现收现付制导致边际税率上升，从而会使劳动供给下降[④]。赞成费尔德斯坦的代表人物还有科特里科夫、墨菲等，他们的研究都认为，积累制特别是私人管理的基金制可以有效克服现收现付制对储蓄和劳动供给的扭曲，进而促进经济增长[⑤]。世界银行积极在其"三支柱"的框架下支持积累制，并对部分国家提供帮助[⑥]。OECD 比较推崇公私混合的养老

---

① Samuelson, P. , "An Exact Consumption-Loan Model of Interest with or without the Social Contrivance of Money", Journal of Political Economy, Vol. 66, No. 6, December 1958, pp. 467 - 482.

② Aaron, H. , "The Social Insurance Paradox", The Canadian Journal of Economics and Political Science, Vol. 32, No. 3, August 1966, pp. 371 - 374.

③ Martin Feldstein, "Social security, induced retirement and aggregate capital accumulation", Journal of Political Economy, Vol. 82, 1974, pp. 905 - 925.

④ Martin Feldstein, Andrew Samwick, "Social Security Rules and Marginal Tax Rates", NBER Working paper 3692, August 1992, p44.

⑤ 袁志刚：《养老金经济学》，世纪出版集团 上海人民出版社 2005 年版，第 137 页。

⑥ The World Bank, "Averting the Old Age Crisis", Oxford University Press, 1994, p 254.

金制度，表现出对积累制一定程度的支持①。

费尔德斯坦等支持基金的观点也受到质疑和反对。巴罗
（Robert Barro）根据"中性理论"指出，在考虑遗赠动机的情况
下，现收现付制社会保障类似于政府债券，存在"李嘉图等价"，
对私人储蓄没有挤出效应②。戴蒙德（Peter Diamond）从投资风
险、管理成本和再分配等角度研究了现收现付制向基金转轨可能
存在的问题③。反对基金制最为激烈的是斯蒂格利茨（Joseph
Stigltz）、奥尔扎格（Michael Orszag）和巴尔（Nicholas Barr）。前
两位作者在《反思养老金改革：关于社会保障的十个成见》中对
缴费确定基金制从宏观和微观领域十个方面进行了全面的批判④。
巴尔在《养老金改革：谬误、真理与政策选择》一文中，提出了
"产出中心性"概念，并以养老金制度财务平衡恒等式为分析基
础，强调增加产出的重要性和政府效率在维持养老金制度财务可
持续中的作用。他认为，现收现付制和基金制只是一种融资方式
的差异，其作用是次要的，适当的参数式改革也能使现收现付制
起到基金制的作用甚至更优⑤。

巴尔的"产出中心"思想和对改革先决条件的重视为人口老
龄化条件下分析养老金制度财务可持续提供了新的衡量标准。他
认为，融资方式差异是次要的，在一定程度上为现收现付制和基
金之争做了一个合理的结论。巴尔本人是激进地反对基金制，但
他并不反对在现收现付基础上加入强化缴费与待遇联系的机制，

---

①　Monika Queisser, Edward Whitehouse and Peter Whiteford, "The public-private pen-
sion mix in OECD countries", Industrial Relations Journal 38：6, September 2008, pp.
542 – 568.

②　Barro, R. J., "Are Government Bonds Net Wealth?", Journal of Political Economy
82（6）, 1974, pp. 1095 – 1117.

③　Peter Diamond, John Geanakoplos, "Social Security Investment in Equities", Amer-
ican Economic Review, Vol. 93（4）, 2003, p1047; Peter Diamond, "Administrative Costs
and Equilibrium Charges with Individual Accounts", NBER Working paper 7050, p1.

④　Peter R. Orszag and Joseph E. Stiglitz, "Rethinking Pension Reform：Ten Myths a-
bout Social Security Systems, Presented at the World Bank Conference," New Ideas about Old
Age Security, September 14 – 15, 1999, pp. 1 – 40.

⑤　尼古拉斯·巴尔：《养老金改革：谬误、真理与政策选择》，载《保险与社会
保障》第一辑，郑秉文等主编，中国劳动社会保障出版社 2006 年版，第 29 – 67 页。

比如，他对瑞典的名义账户就是肯定的。

（二）关于 FDC、NDC 与 PAYG + DB 的比较

20 世纪 80 年代以前，人口老龄化问题尚不突出，公共养老金制度还没有进入成熟期，财务可持续问题并不是讨论的焦点，而且在凯恩斯—贝弗里奇福利模式盛行的情况下似乎 DC 制只是私人和职业养老金的专利，公共养老金不可采用。因此，文献主要集中在基金制和现收现付制比较上，研究的内容虽然包含了待遇核算方式 DB、DC 之争，但主要是对经济增长和社会福利的影响。

1981 年，智利社会保障私有化改革后，在很多基金制与现收现付制的争论中，实际隐含了一个假设，即私人管理基金制与 DC 关联，而现收现付制与 DB 关联。而 NDC 个人账户改革本身就是保留现收现付制融资方式，将待遇确定方式由 DB 转向 DC。这一时期的研究既注重融资方式的比较，也注重待遇给付方式的比较。由于前面已经回顾了基金制与现收现付融资方式之争，这一部分主要介绍待遇给付方式即 DB 与 DC 之争。本书认为，是否以 DC 确定待遇给付是判别个人账户的标准。因此，关于 FDC、NDC 与 PAYG + DB 的比较，就是个人账户与非账户公共养老金制度之争，对制度财务可持续的影响成为争论的焦点。

随着人口老龄化加深和福利膨胀，公共养老金制度财务不可持续问题在 20 世纪 90 年代后受到空前的重视。在公共养老金制度中引入个人账户或加入 DC 因素（如积分制）以加强缴费与待遇联系，得到多数学者赞成。2005 年，世界银行在其"五支柱"退休收入体系设计中，除继续支持 FDC 个人账户外，明确认可 NDC 个人账户可以成为第一支柱提供形式[①]。对比 1994 年的"三支柱"体系，可以发现，世界银行似乎更重视待遇确定的精算中性。费尔德斯坦和世界银行的观点很相似，在 2001 年的研究中认为，在人口老龄化条件下控制养老成本，保持养老金制度财务可持续，

---

① 罗伯特·霍尔茨曼与理查德·欣茨等著，郑秉文等译：《21 世纪的老年收入保障——养老金制度改革国际比较》，中国劳动社会保障出版社 2006 年版，第 10 页。

解决养老金便携性的一种可能有效的方法是建立缴费融资市场化投资的 FDC 和现收现付融资的 NDC 个人账户的混合制度①。

在瑞典、意大利等国家引入 NDC 制度前后，关于 NDC 个人账户的研究增多，这些研究往往以 PAYG + DB 和 FDC 个人账户养老金为参照。威廉森（John Williamson）总结了 NDC 个人账户的优势和不足。优势如下：具备 FDC 个人账户的精算中性、能够保持制度财务可持续、避免了金融市场风险和较高的管理成本、较 PAYG + DB 制度透明性好、可以降低政治干预、应对人口结构和经济变动冲击、灵活性强且能矫正劳动供给扭曲等。不足之处是不具备 FDC 的提高储蓄作用、与 PAYG + DB 制度相比再分配性差且风险转移给个人。但总体上，威廉森还是认为，NDC 个人账户优点超过不足②。2003 年，在瑞典举行的关于名义账户的研讨会，世界银行专家及相关著名学者就 NDC 个人账户的运行机制、优势和不足、可行性、实用性进行了广泛的探讨，其中，财务可持续性是重点。大多数学者认为，NDC 个人账户在一定程度上受隐性债务、金融市场效率等现实条件约束，且具有较好的激励约束机制，对保持公共养老金制度财务可持续的影响是积极的③。郑秉文在梳理 NDC 制度理论渊源、运行机制和引入该类账户国家经验教训的基础上，指出该制度是在中国国情下实现财务可持续的理性选择④。

有的学者对个人账户能否做到精算中性并通过激励约束机制促进公共养老金制度财务可持续持有异议。斯蒂格利茨和奥尔扎格在批判关于 FDC 比 PAYG + DB 制度收益高、成本低，对储蓄和劳动激励强以及抗冲击能力高等观点时更多的是对其 DC 属性

---

① Martin Feldstein, "The Future of Social Security Pensions in Europe", Journal of Financial Transformation, Capco Institute, Vol. 5, 2002, pp. 8 – 12.

② John B. Williamson, "Future Prospects for Notional Defined Contribution Schemes", Journal CESifo Forum, October 2001, pp. 19 – 24.

③ 罗伯特·霍尔茨曼和爱德华·帕尔默著，郑秉文等译：《养老金改革——名义账户制的问题与前景》，中国劳动社会保障出版社 2006 年版。

④ 郑秉文：《社会保障制度：改革攻坚》，中国水利水电出版社 2004 年版，第 20 – 55 页。

的质疑①。塞恩（Michael Cichon）认为，NDC 待遇确定并不能做到完全的精算中性，本质上与 PAYG + DB 一样需要调节缴费率或待遇率来维持平衡，因此，并不是新制度而是"新瓶装旧酒"②。

（三）文献评述与本书的视角

20 世纪 80 年代以来，随着全球公共养老金制度财务可持续危机的不断显现，支持 FDC 和 NDC 个人账户的文献增多，而且论述的重点从基金制现收现付制之争，转向 DC 和 DB 的争论。总体上看，支持个人账户的论点是主流，并且多数文献从 DC 和 DB 差异角度论证个人账户有利于促进公共养老金制度财务可持续。但只有为数不多的学者对 DC 个人账户的储蓄和延迟退休激励机制进行了研究。萨勒（Richard Thaler）、舍夫林（Hersh Shfrin）等行为经济学家将心理账户、自我控制的概念引入生命周期模型，研究了个人的养老储蓄动机和私人 FDC 个人账户对养老储蓄的影响③。可能由于在个人账户下，增加缴费和延迟退休具有替代性，关于退休决策的行为经济研究文献很少。

现有文献对养老金行为分析的不足主要有两点：对个人账户潜在的促进公共养老金制度财务可持续作用的行为基础研究较少；一般以美国的个人退休账户（IRA）储蓄计划和 401（k）为例论证，针对公共养老金体系下的个人账户专门进行研究较少。本书拟将行为经济学的心理账户理论用于研究个人账户对个人储蓄和退休决策及财务可持续的影响。本书认为，在公共养老金制度中引入个人账户可能促进财务可持续的原因是：DC 给付方式改变了人们心理的核算规则，方便将人口结构变动预期纳入账户待遇确定中，有利于激励人们改变退休和储蓄决策，从而实现制度宏观

---

① Peter R. Orszag and Joseph E. Stiglitz, "Rethinking Pension Reform: Ten Myths about Social Security Systems, Presented at the World Bank Conference," New Ideas about Old Age Security, September 14 – 15, 1999, pp. 1 – 40.

② Michael Cichon, "Notional defined-contribution schemes: Old wine in new bottles?", International Social Security Review, Vol. 52, 4/99, 1999, pp. 87 – 102.

③ 科林·F·凯莫勒等主编，贺京同等译：《行为经济学新进展》，中国人民大学出版社 2009 年版，第 467 页。

上的财务可持续。此外，与多数文献不同，本书认为，宏观融资方式的差异是次要的，DC 制的激励机制是控制福利膨胀和人口老龄化客观冲击的关键，因此，在其他条件相同情况下，FDC 和 NDC 个人账户的激励作用一样。

第三节　研究框架、主要内容、方法及可能创新

一、研究框架和主要内容

本书尝试从规范和实证两个层面考察公共养老金个人账户改革对制度财务可持续的影响。理论与实证研究并举，遵循以理论抽象实践，以实践检验理论，最后总结规律指导实践的逻辑，研究的思路如图 1-1 所示。

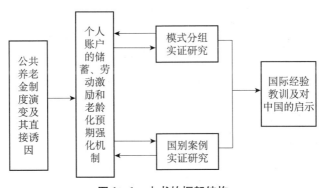

图 1-1　本书的框架结构

首先，通过介绍 20 世纪 80 年代后公共养老金演变，归纳改革的诱因；其次，从理论上论证个人养老金改革兴起的原因，其较传统制度的储蓄、劳动激励作用更大；再次，运用多国分组和典型案例，实证研究个人账户激励机制对公共养老金制度财务可持续的实际作用；最后，通过实证研究发现制约个人账户激励机制

发挥作用的因素，总结经验教训并结合中国"统账结合制度"的实际提出进一步改革的建议。

本书共分为七章，主要内容如下：

第一章，绪论。介绍了本书的选题背景、研究目的和意义，界定了研究的相关概念，阐述了本书的结构安排、研究方法及可能的创新。

第二章，公共养老金制度的演变与个人账户制改革的兴起。本章首先介绍了公共养老金制度的演变过程和个人账户制改革兴起的背景；然后分析了公共养老金陷入财务可持续危机的原因；接着，在梳理养老金改革分类方法的基础上概括了各国应对财务不可持续的措施；最后介绍个人账户改革的现状和发展趋势。

第三章，个人账户改革对公共养老金制度财务可持续作用理论分析。本章首先从养老金经济学角度论证了养老金制度财务可持续的条件，然后用行为经济学理论论证个人账户更能激励个人自主储蓄增加和自主延迟退休的机制，最后分析了不同形式的个人账户发挥激励作用，进而提高制度财务可持续能力的必要条件。

第四章，个人账户改革对公共养老金制度财务可持续的作用——分组实证研究。以第二章归纳的国际公共养老金现状为基础，选择了13个代表型国家并将其分"参数式"、FDC和NDC三类改革模式，以统计和计量经济学工具量化研究改革对衡量公共养老金制度财务可持续能力指标的影响，检验个人账户制是否在模式上优于改革。

第五章，个人账户改革对公共养老金制度财务可持续的作用——FDC实践。第四章的分组研究抽象掉了各国具体的改革细节，本章以澳大利亚和墨西哥为案例，详细介绍两国改革的背景、内容、特点，数量化比较了两国改革对公共养老金制度财务可持续的影响，并尝试找出促进或制约个人账户激励作用发挥的因素。

第六章，个人账户改革对公共养老金制度财务可持续的作用——NDC实践。本章与第五章结构和思路一致，选择的案例国为瑞典和意大利。

第七章，国外公共养老金个人账户制改革的经验教训及对中国的启示。本章以前两章的四个案例国为主，总结了国外个人账户改革在促进公共养老金制度财务可持续性上的经验教训；分析了中国"统账结合"制度与他们的异同和目前面临的困境；最后概括了全书的基本结论。

二、研究方法和可能创新

公共养老金个人账户改革不仅是一个涉及经济学、社会学、政治学、人口学、心理学等多个学科的交叉问题，同时也是一个实践性极强的问题，研究的视角很多。本书主要从经济学角度进行研究，研究的重点是财务可持续。具体的研究方法上，拟先在梳理前人研究所得基础上对个人账户改革潜在的促进财务可持续作用进行理论分析，再通过实证检验总结出一些一般性规律，最后将这些规律与中国"统账结合"制度改革实践结合，尝试为更好发挥个人账户在未来保持公共养老金制度财务可持续作用提出一些建议。

本书在以下几个方面进行了创新：在养老金改革分类中，以布坎南对公共物品的定义将强制缴费市场化运行的 FDC 个人账户纳入公共养老金制度范畴，并分析了其在财务可持续中的作用；在理论分析中将行为经济学的心理账户理论引入，作为分析个人账户激励机制的工具；在实证分析中用计量方法控制其他因素，量化分析个人账户改革对制度财务可持续的影响；以财务可持续为目标，将不同类型的个人账户改革纳入同一分析框架研究，得出结论对中国公共养老金改革的启示意义可能更大，因为中国目前的"统账结合"制度正处在 FDC、NDC 或两种结合的改革探索之中。

第二章 公共养老金制度的演变与个人账户制改革的兴起

个人账户养老金总体上分为 FDC、FDB 和 NDC 三类。前两类个人账户在 20 世纪 80~90 年代的改革前就曾长期存在，只是在二战后被 PAYG+DB 逐步取代，而 NDC 个人账户则是 20 世纪 90 年代社会保障领域重要的制度创新。本章首先回顾了公共养老金制度的演变历史及其背后的经济社会动因；然后介绍不同养老金制度适应的人口和经济环境以及个人账户兴起的经济原因；最后介绍养老金改革的分类维度，分析各种改革的特点和不足，并按此标准对全球公共养老金制度做了归纳和概括，尝试从中找出个人账户未来的发展趋势。

第一节 公共养老金制度的历史演变

一、公共养老金制度的起源：基金制与现收现付制双源头

公共养老金制度的产生是工业化和城市化导致家庭养老保障功能弱化的客观要求和必然产物。随着资本主义在西欧萌芽和发展，养老保障功能从家庭转向国家和社会，大量的贫困和老无所养现象既影响了社会的公平和稳定，也影响了经济发展。这样的社会背景对政府干预养老制度提出了要求。公共养老金制度萌芽产生于英国，其标志是 1601 年《济贫法》。该法律将此前流行于

英国的慈善组织、友谊社等社会救济组织的惯用做法用法律形式固定下来，官方划定一个贫困线，对有需要的孤、老、病人进行收容。尽管该制度带有很大的强迫性、惩罚性、羞辱性，但毕竟通过立法使济贫活动制度化，从而孕育了现在社会保障制度的种子①。

公共养老金制度第一次大发展发生在 19 世纪 80 年代至 20 世纪 40 年代，有两个源头：1889 年，由德国创立的缴费融资的养老保险模式，又称为俾斯麦模式；1891 年，由丹麦最早实行的税收融资的普享型养老金模式，这是后来出现的贝弗里奇模式的前身。在这两个国家的影响下，奥地利（1906）、英国（1908）、法国（1910）、荷兰和瑞典（1913）、意大利（1919）等欧洲国家先后建立了公共养老金制度。并且向其他大洲扩散，拉美的阿根廷在 1904 年，巴西和智利分别在 1923 年和 1924 年通过公共养老金立法，亚太地区的澳大利亚、美国和日本分别在 1908 年、1935 年和 1941 年建立起了公共养老金制度②。在这一阶段，俾斯麦模式相对流行，德国、法国、荷兰、意大利等西欧国家都采取该制度，参照丹麦建立的前贝弗里奇公共养老金制度的主要是英国、澳大利亚等英语国家和瑞典。从理论上看，俾斯麦式的社会保险采取缴费融资，有一定的保险基金，与财政联系不大；贝弗里奇式的制度采取的税收融资模式，有潜在的加重财政负担的可能。但在这一时期，各国的养老金给付条件都很严格，最低年龄限制超过 70 岁，而当时能活过 70 岁的人很少，在某种程度上对大多数人是个空头支票，而且待遇水平制定的特别低③。因此，两种制度的财政支出都很小，也没有财务可持续问题。

---

① 郑功成：《社会保障学——理念、制度、实践与思辨》，商务印书馆 2000 年版，第 123 页。

② International Social Security Association，"Social Security Programs throughout the World：Asia and the Pacific"，2010，p32，100；The Americas，2009，p30，62，182；pp. 19 - 20；Europe，2010，p34，101，165，223，296，316.

③ Camila Arza and Martin Kohli，"Pension Reform in Europe：Politics，policies and outcomes"，Routledge Tatlor & Francis Group，2008，p2.

二、公共养老金制度的发展：现收现付待遇确定制度形成绝对优势

公共养老金制度的第二次大发展发生在二战后的50～70年代。在这一时期，现收现付融资方式超过积累制并取得绝对优势。重要的原因包括：第一，两次世界大战使早期以基金制融资的社会养老保险制度养老金资产损失殆尽；第二，恶性通货膨胀对养老金的侵蚀使人们对基金制心存疑虑；第三，基金制不符合战后初期的社会贫困状况及凯恩斯主义需求管理的理念；第四，英国贝弗里奇模式的兴起及示范效应。

在这种背景下，战前流行的基金制向现收现付制转变。就连俾斯麦社会保险模式的起源国——德国也在1957年引入新的计算公式，提高了缴费率，并将基金制改为现收现付制以提高退休者待遇。法国战后确立的养老金制度也是现收现付制，虽然管理上采取社会保险形式，但财政负有弥补保险基金补足的责任。有的国家甚至由俾斯麦模式变为贝弗里奇福利模式。例如，荷兰在1947年和1960年分别引入了家计调查养老金和普享性统一待遇的养老金，取代了战前的社会养老保险①。总之，战前俾斯麦模式国家的社会保险制度在战后发生了巨大的改变，政府对养老金制度的干预增多，该模式国家对公共养老金制度的担保责任增加。

贝弗里奇福利模式国家的公共养老金制度以税收融资，其资金运行自然是现收现付制。在战后的发展中，英国具有浓厚的自由主义传统，福利给付是补缺型且待遇水平较低，公共养老金的不足由自愿性私人和职业年金补充，现收现付的公共养老金制度支出受到一定限制。但后来居上的北欧国家在贝弗里奇模式之路上走得更远，其福利制度更慷慨，公共支出占 GDP 的比重很高，为此，瑞典和丹麦分别在 1960 年和 1964 年引入了收入关联补充养

---

① Bernhard Ebbinghaus and Mareike Gronwald, "The Changing Public Private Pension Mix in Europe: From Path Dependence to Path Departure", MZES University of Mannheim, Draft Paper, January 2009, pp. 8 – 12.

老金计划（ATP）。

在这一时期，公共养老金制度发展的另一个显著特征是福利不断变得慷慨，包括给付水平的提高、给付资格条件和法定退休年龄降低以及在许多国家引入鼓励提前退休的条款。在某些情况下，给予特殊行业或群体较低的领取资格条件，在政治博弈下向一般群体扩散。由于制度覆盖率提高且待遇慷慨，公共养老金制度成为保障老年人收入的保护网，待遇确定方式基本都是 DB 型。

PAYG + DB 福利模式的扩张与当时的经济社会背景有关，第一，在这一时期，世界经济持续增长提供了物质条件，各国开始将养老金制度由救济转向工资收入替代；第二，总人口增长较快，且人口结构比较年轻；第三，贝弗里奇福利思想与凯恩斯主义经济理论结合符合当时的经济要求，财政融资的福利制度影响超过了收入关联的缴费融资的福利制度；第四，各国福利制度尚在发展之中，制度覆盖面处于扩大之中，缴费人数增加快于福利领取人数，公共养老金支出占 GDP 的比重很低，基本都在 4% 以下[1]。从宏观看，这次福利扩张对战后重建和安抚群众发挥了重要作用，转移支付成为刺激需求、抚平经济周期的重要政策工具，为经济增长创造了条件。从微观看，退休第一次成为多数人生命的一个阶段，是社会的进步。

在此期间，各国的福利项目不断增加，福利水平不断上升，政府的职能不断扩展。公共养老金制度逐渐成为经济和劳动力市场管理的重要政策工具，提高福利还成为获取选票的重要工具。虽然各国也对公共养老金制度进行了改革，但由于当时良好的经济状况和福利刚性使得待遇能提不能降，改革总趋势是福利扩张。公共养老金制度财务不可持续的危机的种子也是在此时埋下的。1960 年，各国的养老金总支出占 GDP 的比重都还比较低，但到1980 年几乎翻了一番，许多国家开始到达 10% 左右。以欧洲福利国家为例，1960 年，西德养老金支占 GDP 的比重最高，为 5.9%，

---

[1] Camila Arza and Martin Kohli, "Pension Reform in Europe: Politics, policies and outcomes", Routledge Tatlor & Francis Group, 2008, p8.

瑞典、意大利、荷兰和英国在 3.1% ~ 3.7% 之间，法国和西班牙不足 2%；1980 年，没有一个国家在 5% 以下，荷兰最高为 11.4%，紧随其后的瑞典为 9.6%；此后整个 80 年代基本处于提高之中，到 1989 年，超过 9% 的国家有法国、德国、希腊，超过 11% 的国家有意大利、瑞典和荷兰[1]。沉重的财政支出负担引起了政府、学者和社会的关注，并成为福利收缩改革的直接压力。

三、公共养老金制度的再改革：福利收缩中的路径突破

在经济高速增长且覆盖面扩展时期的高福利政策，特别是现收现付制度下的高福利政策在 20 世纪 70 ~ 80 年代开始受到挑战。原因包括两次石油危机及经济危机，使经济陷入滞胀，人口老龄化程度加深，以及养老金制度成熟缴费人数比退休人数增加少。养老金隐性债务风险引起了学者和政府的关注。与此同时，经济环境的变化引起了宏观管理思想从重视需求管理的凯恩斯主义转向重视生产率提高、国际竞争力和紧缩公共支出的供给管理政策的变化也是福利收缩的重要原因。

宏观经济状况和管理思想的变化反映到福利政策领域福利收缩，措施包括：调整福利计算公式，例如，计算养老金待遇的工资由退休前的最后几年或最高几年改为更长时间的平均；提高领取全额养老金的年龄，OECD 中 11 个国家提高了男性领取年龄，11 个国家提高了女性的领取年龄[2]；提高养老金领取的最低年龄，1993 ~ 2004 年，近 2/3 的 OECD 国家进行了此类改革以限制提前退休[3]。多数国家没有突破 PAYG + DB 模式，而是在养老金制度结构不变条件下的参数式改革。但有部分国家在福利收缩中实现了部分路径突破。智利在 1980 年将公共养老基金私有化，拉开了第

① Camila Arza and Martin Kohli, "Pension Reform in Europe: Politics, policies and outcomes", Routledge Tatlor & Francis Group, 2008, p3.

② OECD, "Pensions at a Glance 2011: Retirement-income Systems in OECD and G20 Countries", 2011, p23.

③ Nicholas Barr and Peter Diamond, "Pension Reform: A Short Guide", Oxford University Press 2010, p19.

三次养老金改革的序幕，就连自由主义传统的国家——英国和澳大利亚也分别在 1986 年和 1991 年对职业年金制度进行了半强制和强制性改革，使其承担部分公共养老金的责任。世界银行在 1994年发布的《转变老龄危机》进一步推进了全球养老金改革。20 世纪 90 年代改革浪潮兴起，几乎所有国家都把公共养老金列入改革日程。受智利模式的影响，几乎所有的拉美国家都进行了私有化改革，瑞典和意大利等国将公共养老金保留了 PAYG 融资方式但待遇给付由 DB 型改为 DC 型。

另一个路径突破是随着世界银行多支柱模式的推广，第二支柱养老金的作用受到空前重视。世行报告及相关研究从理论上明确了各支柱的职能及边界。第二支柱得到国家立法强制推行，承担了部分原有公共养老金制度的职能，虽然有些学者和机构将其称为私人制度，但按照本书的定义应该归为公共养老金范畴。图 2-1 是部分国家第二支柱养老金占退休收入的比重，这些国家的公共养老金制度都进行了账户制改革，共分为三个类型。智利等拉美国家及哈萨克斯坦已经没有第一支柱，FDC 个人账户承担了原来公共养老金制度的主要职能。澳大利亚、荷兰、丹麦、瑞典

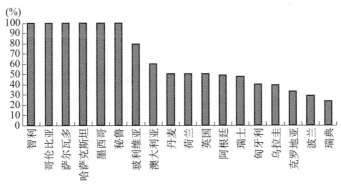

图 2-1　部分国家第二支柱养老金占退休收入的比重

资料来源：Tausch, Arno, "World Bank Pension reforms and development patterns in the world system and in the Wider Europe: A 109 country investigation based on 33 indicators of economic growth, and human, social and ecological well-being, and a European regional case study", MPRA Paper No. 262, November 2007, p9.

和瑞士则将原来自愿性企业年金改造为强制性制度，与智利的制度类似，但都保留了第一支柱。瑞典、波兰将第一支柱改为 NDC 个人账户制，同时将部分自愿性企业年金强制化。

第二节 公共养老金制度陷入财务可持续危机的原因

一、传统公共养老金制度财务可持续的必要条件

从俾斯麦时期开始，现收现付制养老金就是公共养老金制度的主要形式，但第一个从经济学角度解释现收现付制度运行原理始于 1958 年萨缪尔森的"生物报酬率"理论[①]。萨缪尔森构建了一个在没有资产市场的消费借贷经济时代交叠模型证明：以货币为社会契约的媒介，工作的一代储蓄以此获得退休时对年轻工作一代产品的索取权，即使没有立法强制的社会保障，市场机制也会以生物报酬率为利率隐性养老储蓄。在这篇论文中，作者没有考虑技术进步引起的实际工资增长，因此生物报酬率等于人口变动率。

萨缪尔森的"生物报酬率"理论一提出就遭到了一些学者的质疑，勒纳在 1959 年就指出，如果市场利率大于养老金潜在收益率，现收现付制就会产生效率损失[②]。艾伦 1966 年证明：人口增长率与实际工资增长率之和大于市场利率，现收现付养老金制度就会增加每个人的福利，这就是阿伦条件。由于他的论证假设工资和利率外生，因此被称为对小型经济体现收现付养老金实现帕

---

① Samuelson, P., "An Exact Consumption-Loan Model of Interest with or without the Social Contrivance of Money", Journal of Political Economy, Vol. 66, No. 6, December 1958, pp. 467 –482.

② Lerner, Abba P., "Consumption-loan interest and money", Journal of Political Economy Vol. 67, No. 5, October 1959, p516.

累托有效的条件①。萨缪尔森在 1975 年的另一篇论文中证明：由于个人短视，公共储蓄应对私人储蓄的挤出效应很大（模型中假设为100%），在工资增长和利率都是内生条件下，强制现收现付养老金制度能使经济体达到黄金资本存量②。

现收现付养老金的运行过程如下：假设 t 期工作人口为 L_t，人口增长率为 n，实际工资为 w，养老金缴税比例为 θ，养老金待遇为 p，养老金收支平衡的条件为 $\theta w L_t = p L_{t-1}$，养老金待遇与贡献的比率为 $p/\theta w = L/L_{t-1} = n + 1$。如果实际工资以 g 增长，即 $w_t = (1+g) w_{t-1}$，那么养老金待遇与贡献的比率为 $p/\theta w_{t-1} = (1+g)(1+n) \approx (1+g+n)$。即现收现付养老金制度的报酬率由人口增长率和实际工资增长率（劳动生产率）决定③。

这意味着在缺乏持久资产条件下，不考虑现收现付养老金制度建立初始一代收益由以后无穷代分摊，总的来说是一个帕累托改进。因为通过强制养老金缴税克服了个人的短视风险，现收现付机制克服了资本资产市场落后的约束。

现收现付养老金制度需要强制及持续运行的条件包括：个人短视导致政府储蓄具有很高的挤出私人储蓄效应，需要政府以现收现付而不是公共储蓄的形式提供养老金；满足艾伦条件实现帕累托最优；实际工资和人口增长率保持一个较高的增长率，因为养老金是待遇确定且具有增长刚性，如果人口减少或劳动生产率下降，要保持实际替代率不变就必须提高缴税比例增加社会负担，这可能会降低该经济体的国际竞争力，从而产生进一步提高缴税的压力。

经济是养老金制度的最终决定因素，选择何种养老金制度是福利制度对社会经济环境要求的结果。第二次世界大战以后到

① Aaron, H., "The Social Insurance Paradox", The Canadian Journal of Economics and Political Science, Vol. 32, No. 3, August 1966, pp. 371–374.

② Samuelson, P., "Optimum Social Security in a Life-Cycle Growth Model", International Economic Review, Vol. 16, No. 3 (October 1975), pp. 539–544.

③ Feldstein, M. and Liebman J., "Social Security", NBER Working Paper 8541, 2001, p15.

1973 年世界经济危机，西方各国经济进入所谓的"黄金时期"，在这个时期经济条件适合现收现付养老金运行的条件。主要福利国家的经济增长情况如表 2－1 所示。

表 2－1　　　"黄金时期"西方福利国家的经济增长指标

区域	GDP 增长率（%）	人均 GDP（美元）	人均小时 GDP（美元）	人口增长率（%）
西欧	4.81	4.08	5.8	0.7
西方衍生国	4.03	2.44	2.8（美国）	1.55
日本	9.29	8.05	7.7	1.15
世界	4.91	2.93		1.92

注：1. 西方衍生国指：美国、加拿大、澳大利亚和新西兰。

2. 西欧包括：奥地利、比利时、丹麦、芬兰、法国、德国、意大利、荷兰、挪威、瑞典、瑞士、英国。

3. 人均小时 GDP 是 1959～1973 年平均数据，其他指标均是 1950～1973 年平均数据。

资料来源：安格斯·麦迪逊著，伍晓鹰等译：《世界经济千年史》，北京大学出版社 2003 年版，第 116 页，第 121－123 页。

从表 2－1 可以看出，1950～1973 年，世界经济平均增长率为 4.91%，处于迄今为止增长最快的时期，西欧和日本分别高达 4.81% 和 9.29%；技术进步和劳动生产率快于人口增长率，所以人均 GDP 增长也实现较快的增长；这一时期，西方国家都经历着战后"婴儿潮"带来的高出生率，平均每年人口增长率为 0.7%，四个西方衍生国由于高出生率和高移民流入，平均每年人口增长率高达 1.55%。另外，这一时期正是凯恩斯主义需求管理极盛期，政府干预经济的理由就是由于利率太低，经济进入所谓"流动性陷阱"。因此，西方各国的经济和人口状况基本都满足"艾伦条件"。

战前基金积累制养老金的巨大损失，战后满足"艾伦条件"的各种社会经济条件以及严重的老年贫困等因素使现收现付养老金制度既具有可能性，又具有必要性。因而，在英国 1946 年贝佛里奇模式的影响下，瑞士（1957）、瑞典（1960）、挪威（1966）和加拿大（1966）等国都相继建立了现收现付的公共养老金制度，战前实行基金积累的欧洲国家也转向现收现付制。随着福利国家兴起，现收现付制逐步成为养老金，特别是公共养老金的主流制度。

二、公共养老金账户制改革的经济原因

(一) 人口老龄化冲击

人口老龄化是 PAYG + DB 公共养老金制度财务不可持续的首要原因。实际上,在发达国家相继进入福利国家的 20 世纪 70～80 年代,人口老龄化潜在挑战已经开始显现。OECD 国家在 1980 年已经进入老龄社会,男性 65 岁及以上的人口比重已经达到 8.8%,女性更是高达 12.7%,到 2000 年,分别上升到 11% 和 15.1%,预计到 2050 年,将进一步上升到 22.7% 和 27.7%。但与此同时,由于人口出生率持续降低,0～14 岁人口比重不断下降。1980 年,该年龄阶段人口比重男性为 26.5%,女性为 24.2%,到 2000 年,分别下降到 21.4% 和 19.6%,预计到 2050 年,还将下降到 16.6% 和 15.1%(见表 2 - 2)。因此,在 2050 年以前,OECD 国家作为一个整体其人口结构将处于老龄化程度不断加深之中。

表 2 - 2　　　　　OECD 国家人口结构变化　　　　　单位:%

年龄	男性			女性		
	1980 年	2000 年	2050 年	1980 年	2000 年	2050 年
85 +	0.4	0.8	3.8	1.0	2.0	6.5
80～84	0.8	1.1	3.5	1.5	2.0	4.5
75～79	1.7	2.2	4.5	2.5	3.2	5.2
70～74	2.6	3.1	5.2	3.5	3.8	5.6
65～69	3.3	3.7	5.7	4.1	4.2	5.9
65 + 合计	8.8	11.0	22.7	12.7	15.1	27.7
10～14	9.0	7.4	5.6	8.3	6.8	5.1
5～9	8.9	7.2	5.5	8.2	6.6	5.0
0～4	8.5	6.8	5.5	7.8	6.3	5.0
0～14 岁合计	26.5	21.4	16.6	24.2	19.6	15.1

资料来源:http://www.oecd.org/dataoecd/52/31/38123085.xls。

人口老龄化不仅使总人口增长率下降,而且使劳动年龄人口萎缩,这些变化不仅使"过度储蓄"变为"储蓄不足",劳动过剩变为劳动短缺,而且还使经济时刻面临着"需求拉动"通货膨胀风险,曾经与经济社会环境适应的 PAYG + DB 养老金制度遇到财

务不可持续问题的挑战。虽然一些国家在 20 世纪 90 年代后采取了诸如削减福利待遇、严格资格标准审查、提高法定退休年龄等措施解决公共养老金制度现实或潜在的财务不可持续危机①，但这些 PAYG + DB 制度基础上的参数调整无法克服制度的两个根本缺陷：激励机制不足和需要不断动态调整。

（二）低储蓄、高提前退休率和低经济增长

在人口老龄化的同时，战后婴儿潮一代开始进入工作，消费主义盛行起来，这表现在不断下降的个人储蓄上。20 世纪 70 年代中期，大多数 OECD 国家的家庭净储蓄率（家庭净储蓄占可支配收入的比重）都在 10% ~15% 之间，到 90 年代初，多数国家都下降到 10% 以下。例如，澳大利亚从 1975 年的 16.8% 下降到 1991 年的不到 5%，同期，美国则从 10.9% 下降到 7.3%，而法国则从 1978 年的 16.5% 下降到 1990 年的 9.2%②。

与此同时，人数众多的婴儿潮一代进开始入劳动市场，青年失业严重，提前退休政策被作为一种处理失业问题的方式，允许雇主释出生产效率较低的老年雇员，包括公共养老金在内的福利为提前退休提供了便利。在这种背景下，提前退休率不断上升。美国和加拿大 55 ~64 岁人口的劳动参与率 1984 ~1985 年较 1960 ~1962 年分别下降 14% 和 15%；北欧的挪威和瑞典 1984 ~1985 年 55 ~64 岁人口的劳动参与率虽然仍高达 80% 和 76%，但也比 1960 ~1962 年下降了 12% 和 14%；同期，西欧的德国、法国和荷兰的下降幅度高达 25% ~31%，而且 1984 ~1985 年，该年龄阶段人口的参与率已下降到不足 60%③。年长者劳动市场机会短缺固然是重要原因，但极具吸引力的提前退休公共养老金制度也是关键

① David W Kalisch and Tetsuya Aman, "Retirement Income Systems: The Reform Process Across OECD Countries", Maintaining Prosperity In An Ageing Society: the OECD study on the policy implications of ageing, Working Paper AWP 3.4, 1998, pp. 42 – 56.

② http://stats.oecd.org/Index.aspx? DataSetCode = SOCX_ AGG, Dataset: National Accounts at a Glance – 2010.

③ 艾斯平·安德森，郑秉文译：《福利资本主义的三个世界》，法律出版社 2003 年版，第 170 页。

原因之一。

20 世纪 70～80 年代的两次世界经济危机也使世界经济进入低速增长期。发达国家 1960～1970 年的实际 GDP 增长率为 5.1%，1971～1980 年则下降到 3.1%[①]。1980～1989 年，OECD 国家的平均实际 GDP 增长率下降到 2.99%，1990～1999 年进一步下降到 2.67%，进入 21 世纪头十年，甚至下降到不足 2%（见图 2－2）。低储蓄率、高提前退休率和经济增长乏力使本已受到人口结构变化冲击的 PAYG＋DB 养老金制度的财务可持续能力进一步下降。

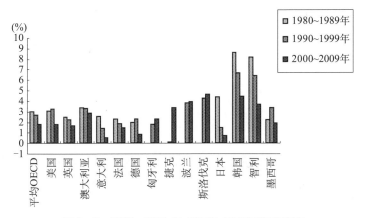

图 2－2 1980～2009 年 OECD 国家经济增长率

资料来源：http：//stats. oecd. org/Index. aspx？ DataSetCode＝SOCX_ AGG，Dataset：National Accounts at a Glance－2010 edition，Data extracted on 29 Oct 2011 19：08 from OECD. Stat.

（三）不断加重的公共或财政压力

20 世纪 80 年代，绝大多数发达国家宣布建成福利国家的同时，其财政压力开始显现。1980 年，OECD 国家公共养老金支出占 GDP 的比重已经高达 5.1%，到 90 年代中期，进一步上升到 6.4%，其中，欧洲大陆国家大部分超过平均值，英语国家公共养

---

① UNSTAD，"Handbook of International Trade and development Statistics"，UNCTAD Press 1997，p1976.

老金支出较低,但在 1995 年也上升到 4% ~ 5.5% 左右①。公共养老金支出占 GDP 比重上升的原因包括:人口老龄化、福利制度进入成熟期、福利待遇膨胀和 PAYG + DB 公共养老金制度对财政的高度依赖。前两者是客观的,后两者则是制度设计不合理导致的。根据巴尔的研究,1948 ~ 1995 年,英国基本国家养老金的实际购买力提高 240%,远远高出养老金领取者按精算而有权获得的增幅。在美国,许多退休人士获得一份至少是其精算权利两倍的社会保障养老金②。福利水平相对"吝啬"的英国和美国都如此膨胀,可以推测"慷慨"的欧洲福利国家福利膨胀程度更大。在 PAYG + DB 公共养老金制度下,人们基于完成缴税义务获得政府一定养老金替代率的承诺,制度缺乏精算公平性,政府起最后付款人或担保人作用。这样养老金制度财务赤字就直接转变为当期财政压力,世界上绝大多数国家的养老金制度改革均起源于短期预算压力所引起的公共养老金制度财政不可持续性。

第三节 公共养老金账户制改革的维度和 个人账户的兴起

一、养老金制度改革的三个维度

在 20 世纪 80 年代以前,待遇确定现收现付(PAYG + DB)养老金占统治地位。由于世界石油危机、经济滞涨及人口结构变动、福利待遇膨胀等原因,该制度遇到老人财务可持续危机挑战。在这种背景下,强化个人责任、引入积累和模拟积累机制、提高个人精算的程度受到许多国家的青睐。1981 年,智利建立了缴费确定型积累制的养老金制度(FDC),拉开了养老保障强制性账户制

① http: //stats. oecd. org/Index. aspx? DataSetCode = SOCX_ AGG.
② 尼古拉斯·巴尔著,郑秉文 穆怀中等译:《福利国家经济学》,中国劳动社会保障出版社 2003 年版,第 239 页。

改革的序幕，该制度先后被澳大利亚其他拉美国家和中东欧国家所效仿。然而，由于现收现付向基金制面临巨大的转型经济成本和社会压力，以瑞典为代表的欧亚七个国家选择了一种融合现收现付和个人积累特征的个人账户——名义缴费确定制（NDC），按照前两类养老金制度的命名规则，NDC 实际上就是现收现付与待遇确定的组合（PAYG + DC），该类账户一般称为名义账户。这两类改革都改变了制度的基本结构，因此被称为结构式改革。另外，大多数发达国家选择在 PAYG + DB 基础上进行参数式改革，这些改革措施在一定程度上也引入了个人责任、模拟积累和个人精算因素，起到了部分个人账户的作用，特别是，德国和法国的积分制也可以称为准名义账户制，在研究中可以将积分制视同为名义账户制。

　　林德贝格和皮尔逊 2003 年总结了各国改革实践，从理论上提出了养老金改革的三个维度。该分类法可以很好地反映强制养老金账户改革的区别与联系（见图 2 - 3）。这三个维度是待遇确定（DB）对缴费确定（DC）、积累（Fund）对非积累（PAYG）、精算（Actuarial）对非精算（Non-actuarial）[1]。

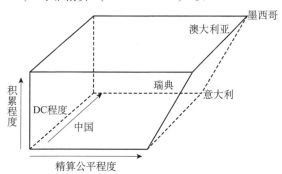

图 2 - 3　养老金改革三个维度

注：以国家名称为中心作与坐标轴垂直切面，交点就是该国在此维度上的程度。

资料来源：笔者根据 Lindbeck and Mats Persson，"The Gains from Pension Reform"，Journal of Economic Literature，Vol. 41，No. 1，Mar.，2003，pp. 74 - 112 绘制。

---

　　[1]　Lindbeck and Mats Persson，"The Gains from Pension Reform"，Journal of Economic Literature，Vol. 41，No. 1，March 2003，pp. 74 - 112.

第一个维度是待遇确定方式。养老金给付采取 DB 还是 DC 型是决定制度激励作用大小，进而决定制度财务是否可持续的关键。在 DB 养老金制度下，个人完成缴税义务后获得待遇承诺，替代率按前期收入确定的外生变量，待遇刚性很强。在现收现付与待遇确定组合（PAYG + DB）情况下，财务不平衡理论上既可以调整缴税率由当前工作的缴税者承担，也可以降低待遇水平由退休者承担，抑或共同承担。但实践中无论哪种调整都遇到激烈的抵制，因为在 DB 制度下，养老金待遇和缴费率是政府与民众的社会契约，对外生的缴费率或待遇参数调整就是政治抵制，因此制度有财务不持续的潜在威胁，而人口老龄化使潜在威胁变为现实。DC制度下，待遇主要取决于个人缴费贡献及其收益，这意味着待遇水平是内生决定，FDC 由金融市场决定，NDC 制度由经济增长、物价工资变动决定。对人口老龄化等系统风险理论上可以通过微观个人缴费储蓄、退休决策等行为调整实现宏观财务平衡和可持续。

第二个维度是积累程度。林德贝格和皮尔逊将积累划分为狭义积累和广义积累。狭义积累指养老金缴费及其金融市场投资收益形成的养老金资产。完全私有化积累程度接近 100%，现收现付制养老金福利待遇由工作一代当前缴费转移支付，积累程度接近零。名义账户制融资方式是现收现付的，因此纯粹的名义账户制账户积累程度也为零。广义积累是指养老金制度对宏观储蓄的影响。在人口结构不变情况下，传统的 PAYG + DB 制度对广义积累没有促进作用。只要不是完全挤出个人自主储蓄积累制，FDB 和 FDC 制度都会就广义积累增加促进作用。名义账户制在融资上仍保持现收现付特征，因此，表面上看，对广义储蓄的影响与待遇确定现收现付制相同。但是 NDC 具有 FDC 制相类似的激励机制，在人口老龄化条件下，DC 制强调个人责任，有利于改变个人预期和激励机制，进而提高广义积累程度。所以，名义账户制在提高广义积累上介于前两类制度之间。鉴于养老基金具有长期性、稳定性特点，FDC 在优化资产市场结构上比 NDC 更有优势，但本书认为，融资方式不是个人账户能否促进制度财务可持续的关键。

第三个维度是精算公平程度，即待遇与缴费联系的紧密程度。从图2-3可以看出，DC程度越高，积累程度越高（即PAYG比重越低），精算公平性越大。传统的PAYG+DB制度是基于缴费事实获得的待遇承诺，缴费贡献和待遇高低没有直接联系，精算公平程度最低。FDC制度的养老金待遇基本取决于缴费和投资收益的积累，精算程度最高。其他制度组合FDB制度和NDC介于两者之间。由于DC与DB差异是决定养老金制度微观激励的根本属性，PAYG和基金积累只是待遇宏观运行方式差异，对个人行为决策影响较小，因此，NDC的精算公平程度比FDB制度高。

上述是理论上对养老金制度及改革的分类，现实中的改革是对待遇确定现收现付制养老金（图2-3坐标原点）沿箭头方向的移动。DC和精算公平程度两个维度沿箭头方向的移动意味着养老金制度个人责任提高，这都需要引入个人账户来承担记账功能、核算功能和积累功能。在图2-3中，笔者根据三维分类法对本书拟作为案例的五个典型的引入个人账户的国家的基本养老金制度作了定位，理由将在案例研究中详细阐述。

二、各国应对公共养老金制度财务可持续危机的措施

大多数国家的公共养老金制度都是混合制度，分为第一层次再分配收入安全网和第二层次养老保险和储蓄。为应对人口老龄化和宏观经济冲击，从20世纪90年代起，世界上绝大多数国家都进行了公共养老金制度改革，参数式改革较多，在30个OECD国家中，17个国家保留了PAYG+DB的制度结构，进行了参数式改革。但也有10个国家进行了比较激进的结构式改革，重点是第二层次养老金[1]。巴尔和戴蒙德对各国的公共养老金改革措施作

---

[1] Monika Queisser, Edward Whitehouse and Peter Whiteford, "The public-private pension mix in OECD countries", Industrial Relations Journal 38：6，September 2008，pp. 542 – 568.

了概括①。主要措施有：

第一，增加缴费和降低待遇。许多国家都提高了缴费，包括提高缴费率、扩大缴费收入基数或提高缴费最低年限等；通过改变福利计算系数降低公共养老金替代率，如改变养老金指数化方式、改革税收优惠模式、提高非缴费养老金的目标定位等。几十年来，大部分国家都实行了上述措施中的一项或多项。这类改革措施不涉及制度的结构，所以称为参数式改革。参数式改革对实现制度财务可持续以及其他经济社会目标有一定的作用，而且遇到的政治反对较小，但也有明显的缺陷使之不能从根本上实现制度财务长期可持续。缺陷一，在人口老龄化条件下，参数需要经常调整，从而使人们预期以后需要改革，从而使改革不可信。改革是利益的博弈，参数式改革要求根据人口老龄化和经济状况动态调整，其改革的效果时滞长，因此也不受政治家欢迎。缺陷二，改革不全面不彻底，对劳动市场的扭曲仍在，且使既得利益者容易预期通过反抗可以抵制改革，改革的激励作用无法有效发挥②。缺陷三，降低福利待遇违反收入刚性的基本原理，与社会保障的基本目标不一致，可能遭到社会各个年龄阶段的反对。总之，在PAYG + DB 公共养老金制度下，人们基于完成缴纳社保税换取政府一定退休收入保障的承诺，是个人一种权利。当制度财务不可持续并试图降低待遇时，人们首先想到的是政府责任，社会上绝大多数成员会反对降低养老金待遇。当老年人收入直接受到影响时，其他年龄阶段的人预期未来权利受到削减也会反对政府的决定。因此，尽管20 世纪90 年代以来，福利国家的公共养老金待遇有所降低，但通过直接降低绝对给付水平的国家很罕见。

第二，提高法定退休年龄、抑制提前退休。提高法定退休年龄受到各国政策制定者的普遍青睐。在预期寿命不断提高情况下，

---

① Nicholas Barr and Peter Diamond, "Pension Reform: A Short Guide", Oxford University Press 2010, p19.

② 罗伯特·霍尔茨曼与理查德·欣茨等著，郑秉文等译：《21 世纪的老年收入保障——养老金制度改革国际比较》，中国劳动社会保障出版社 2006 年版，第 81 页。

提高退休年龄，一方面可以降低待遇领取人数，另一方面延长工作年限相应拉长缴费期，这样可以在保持缴费率和待遇不变同时实现制度财务可持续①。为抑制提前退休，许多国家废除止此前实行的鼓励提前退休的法规。例如，瑞典在 2000 年放松了 65 岁的退休年龄规定，实行弹性退休政策，允许老年人自主决定是否推迟退休。拉脱维亚在 2008 年后也禁止提前退休者领取养老金。作为 1999 年改革的后续，波兰在 2001 年取消提前退休津贴（pre-retirement allowance），在 2004 年进一步收紧了提前退休福利（pre-retirement benefits）领取条件②。但提高法定退休年龄的方法缺乏有效的激励机制，人们仍可以通过伤残疾病等形式申请提前退休，而且会遇到政治上的阻力。从理论上讲，可以预测未来老龄化趋势一步到位地将退休年龄提高到使财务可持续的水平，但现实中法定退休年龄的确定是政治博弈的结果，而不是依据人口结构和经济变动制定的。从欧洲国家的人口和经济状况看，将退休年龄提高到 67 岁是完全必要的，但法国为将法定退休年龄从 60 岁提高到 62 岁经历了十几年，而且还影响了社会的稳定。最重要的是在未来几十年里，人口老龄化仍在加深，而提高退休年龄立法不可能动态应对。

第三，结构式改革。上述改革都是比较温和的参数式改革，部分国家进行了比较激进的结构式改革，所有的该类改革都需要引入个人账户。澳大利亚、墨西哥的改革最彻底，不仅在待遇确定方式和融资方式上彻底颠覆了传统 PAYG + DB 公共养老金制度，将其改为 FDC 制度，而且将其私有化。丹麦、匈牙利、波兰和瑞典则将私有化的 FDC 个人账户作为公共养老金制度的补充。由于隐性债务过大或政治压力，一些国家只将待遇确定方式由 DB 转向

---

① Bloom D., Canning D., Moore M., "A Theory of Retirement", National Bureau of Economic Research, Working Paper, No. 13630, November 2007, p2.

② Alfonso Arpaia, Kamil Dybczak, Fabiana Pierini, "Assessing the short-term impact of pension reforms on older workers´participation rates in the EU: a diff-in-diff approach", Directorate-General for Economic and Financial Affairs Economic Papers 385, September 2009, pp. 12 – 13.

DC，保留了 PAYG 融资方式，即名义账户制（NDC）。瑞典和波兰将第二层次公共养老金的主体改为 NDC，意大利则仅有 NDC。此外，法国和德国的积分制原理与 NDC 制度相似，本书也视为 NDC 个人账户。

FDC 个人账户与 PAYG + DB 养老金制度的争论由来已久。从第二节分析可以看出，20 世纪 70 年代以来，PAYG + DB 养老金制度已经不符合经济社会环境的要求。20 世纪 80 年代强制性 FDC 个人账户的出现打破了 PAYG + DB 制度一统天下的局面，经过 90 年代的大发展，到 2007 年，30 个 OECD 国家中 11 个建立了强制性 FDC 个人账户。除比较符合经济社会环境外，FDC 个人账户的以下特点促进了其快速发展：符合养老金保障责任国家、雇主和个人共担的潮流，有利于降低养老金财政支出压力；为个人提供一个长期稳定的储蓄工具，巴尔称之为"储钱罐"；待遇与缴费联系紧密，养老金与前期缴费积累有明确的精算关系，激励长期储蓄，抑制提前领取；有人预期引入 FDC 个人账户还有增加国民储蓄，以优化储蓄结构提高长期储蓄的比重的作用，有利于资本形成和经济增长①。

FDC 个人账户虽然有上述优点，但由于个人短视、流动性约束和第一层次养老金制度的存在，对大部分国家来说，只有将其纳入立法强制的公共养老金制度才能更好发挥其优势。从覆盖率上看，引入强制性 FDC 个人账户国家的覆盖率迅速提高，高收入的国家都在 90% 以上，低收入国家也都在 31% ~58% 之间，而自愿性个人账户国家覆盖率都比较低，最高的德国仅为 57%（见表 2 - 3）。从缴费率看，自由主义的英语国家的自愿缴费率较高，其他国家都比较低；采取强制缴费则可以根据具体情况定得比较高，表 2 - 3 中，丹麦、挪威和瑞典较低，其他国家都在 6% 以上。实际上，考虑到波兰和瑞典第二层次公共养老金是以 NDC 账户为主，其强制性 FDC 个人账户的缴费率并不低。此外，引入强制性 FDC

---

① David W Kalisch and Tetsuya Aman, "Maintaining Prosperity In An Ageing Society: the OECD study on the policy implications of ageing", OECDAWP 3. 4, 1998, p13.

个人账户即使不能增加国民储蓄，也会增加养老储蓄专用资金，较传统公共养老金制度财务可持续能力更强。

表 2-3　　　　　　部分 OECD 国家 FDC 账户状况　　　　　　单位：%

分类	国家	覆盖率	缴费率	分类	国家	覆盖率	缴费率
强制性职业或个人账户	澳大利亚	> 90	9	自愿性职业或个人账户	奥地利	35	1.5 ~ 2
	丹麦	> 90	1		比利时	40 ~ 50	1 ~ 5
	匈牙利	58	8		加拿大	39	8.5
	冰岛	> 90	10		芬兰	15	3
	墨西哥	31	6.275		法国	10	Na
	荷兰	> 90	Na		德国	57	2 ~ 4
	挪威	> 90	2		爱尔兰	52	10
	波兰	49	7.3		意大利	8	2.35
	斯洛伐克	45	9		葡萄牙	4	3
	瑞典	> 90	2.5		英国	43	9
	瑞士	> 90	7 ~ 18		美国	47	9

资料来源：Whitehouse, Edward and Queisser, Monika, "Pensions at a glance: public policies across OECD countries", MPRA Paper No. 16349, May 2007, p77.

在公共养老金制度财务不可持续压力不断增加的情况下，待遇确定方式由 DB 向 DC 转变是普遍趋势，但 FDC 个人账户也有明显的不足。首先，养老金制度隐性债务显化；第二，对金融市场的依赖；第三，改革的幅度过大，且风险转移给个人容易引起社会的抵制。因此，实行完全私有化的 FDC 改革在许多国家是行不通的。1995 年，出现了一种新的个人账户——名义账户（NDC）。NDC 个人账户是 PAYG 融资方式和 DC 待遇确定方式的结合，具有 FDC 个人账户类似的精算中性和激励机制。NDC 个人账户的缴费虽然用于支付当期老年人的退休金，但个人缴费记账积累并且按照经济增长、工资增长给予记账利率。NDC 个人账户有以下优点：缴费与待遇联系紧密，激励机制好；由于保留了 PAYG 融资方式，避免了巨额隐性债务显化和转型期工作一代的双重缴费；较 FDC 制度，NDC 制度管理成本低，且可以隔离金融市场风险[1]；最重要

---

① John B. Williamson, "Assessing Notional Defined Contribution Model : An Assessment of the Strengths and Limitations of a New Approach to the Provision of Old Age Security" (an issue in brief), Center for Retirement Research at Boston College, October 2004, p3.

的是，NDC 个人账户具有私有产权性质，这既有利于激励个人缴费，自主延迟退休，又降低了政府的直接支付责任，账户本身具有一定的财务自动平衡机制，因此，从长期看财务是可持续的。

对 NDC 个人账户的主要批评是：没有实际积累，对国民储蓄没有促进作用；保留了 PAYG 融资方式同时也保留了其面临的宏观经济冲击风险和政治干预风险；由于采取 DC 待遇确定方式，再分配作用很小。另外，NDC 的一个重要不足是对人们对制度的预期和信心非常依赖，为此，有的国家还建立了一个公共管理的 FDC 个人账户来提高人们的信心。瑞典、波兰 FDC 个人账户的缴费率分别为 2.5%；拉脱维亚最初是 2%，立法规定到 2010 年提高到 10%①。

最后，对各类改革作一个总结。1994 年以来，多支柱的养老保障模式逐渐被各国接受。多支柱模式根据各类养老福利制度的目标划分了各支柱的边界和职能。第一和第二支柱养老金制度的目标是提高储蓄和劳动供给，参数式改革不能从根本上改变制度的激励机制，诸如提高法定退休年龄和缴费率，减低待遇水平等措施从长期看并不能解决制度财务不可持续问题。而建立个人账户必然以连续复利核算方式核算账户积累额，再加上账户资产的私有性和可继承性，可以更有效激励个人缴费和自愿延迟退休。特别是其自愿延迟退休激励机制，通过工作时间延长，相应拉长缴费期，延长工作/缴费期的方法能提高实际退休年龄，在人们预期寿命提高的情况下尤为重要。另外，前面为分析方便，我们将改革措施分为参数式改革和结构式改革。实际上，引入个人账户的国家在结构式改革的同时也进行了参数式改革，其改革更深，范围更广。因此，尽管公共养老金的改革措施争论不断，个人账户制度仍有待完善，但引入该制度的国家数目不断扩张的实事，表明其在应对人口老龄化危机，保持制度财务可持续的潜在作用得到了广泛认同。

---

① Ibid，p2.

三、全球公共养老金改革鸟瞰和个人账户发展趋势

20 世纪 80 年代以前，大多数的国家的基本养老金都是待遇确定现收现付制度。由于该制度存在福利刚性、劳动负激励以及不利于抵御各类经济和人口冲击等缺陷。在 20 世纪 70~80 年代的两次经济危机后，传统现收现付制待遇确定养老金制度财务赤字和长期不可持续性日益显现，在基本养老金制度中加入了个人账户因素以克服上述缺陷引起的制度危机成为许多国家的改革选项。2007 年，世界银行《养老金全景》（*Pensions Panorama*）考察了全球 53 个主要国家的基本养老金制度结构，从中可以看出账户制发展的现状（见表 2-4）。

表 2-4　　　　　主要国家养老金制度结构与个人账户状况

OECD 高收入国家	第一层：普享，再分配，公共			第二层：强制性，储蓄保险		东欧与中亚国家	第一层：普享，再分配，公共			第二层：强制性，储蓄保险	
	目标定位	基础	最低	公共	私人		目标定位	基础	最低	公共	私人
澳大利亚	√				DC	保加利亚	√		√	DB	DC
奥地利	√			DB		克罗地亚		√		P	DC
比利时	√		√	DB		捷克	√			DB	
加拿大	√			DB		爱沙尼亚		√		P	DC
丹麦	√	√		DB + DC	DC	匈牙利	√			DB	DC
芬兰	√			DB		拉脱维亚	√			NDC	DC
法国	√		√	DB + P		立陶宛		√		DB	DC
德国	√			P		波兰			√	NDC	
希腊	√		√	DB		斯洛伐克				P	
冰岛	√				DB	土耳其	√			DB	
爱尔兰	√	√				拉美与加勒比国家	第一层：普享，再分配，公共（目标定位，基础，最低）			第二层：强制性，储蓄保险（公共，私人）	
意大利	√			NDC		阿根廷	√				DC
日本		√		DB		智利	√				DC
韩国		√		DB		哥伦比亚	√				DC

续表

OECD 高收入国家	第一层：普享，再分配，公共			第二层：强制性，储蓄保险		拉美与加勒比国家	第一层：普享，再分配，公共			第二层：强制性，储蓄保险	
	目标定位	基础	最低	公共	私人		目标定位	基础	最低	公共	私人
卢森堡	√	√	√	DB		哥斯达黎加	√			DB	DC
荷兰	√	√		DB		多米尼加					DC
新西兰		√				萨尔瓦多					DC
挪威	√	√		DB		墨西哥	√				DC
葡萄牙	√	√		DB		秘鲁	√				DC
西班牙	√			DB		乌拉圭	√			DB	DC
瑞典	√			NDC	DB + DC	中东与非洲国家	第一层：普享，再分配，公共 （目标定位 / 基础 / 最低）			第二层：强制性，储蓄保险 （公共 / 私人）	
瑞士	√		√	权益确定		埃及				DB	
英国	√	√		DB		伊朗				DB	
美国	√			DB		也门共和国				DB	

注：1. 瑞士的强制性职业养老金计划，英文为"Defined Credit"，乍一看是 DC 型的，因为个人及其雇主必须按照不同的年龄阶段不同的费率缴费。但政府设定了计划的最低收益率以及领取养老金时积累的年金转化率。因此，该制度 DB 因素大于 DC。2. 原表列举了 10 个中东与非洲国家，本表未列出的国家基本养老金结构与埃及相同。3. P 代表积分制。

资料来源：Edward Whitehouse, "Pensions Panorama: Retirement-Income Systems in 53 Countries", The World Bank, 2007, pp. 6 – 7.

从表 2 – 4 可以看出，大多数国家都是在保留了普享型的再分配层次养老金的基础上引入了储蓄性养老金，53 个国家中仅有爱尔兰和新西兰两国没有强制性养老金储蓄制度。按照三维分类法标准，引入 DC 和精算公平因素必须建立个人账户，剩余的 51 个国家中，26 个国家引入了个人账户，表现在表 2 – 4 中就是在第二层养老金制度中引入 DC、NDC 或积分制。这些强制性养老金账户大多数是 20 世纪 80 年代以来改革的产物，可以分为四类：

第一，私人管理的 FDC 个人账户。第二层次养老金只有个人账户，账户管理和基金投资都是私人基金公司负责，因此又称为养老金私有改革。这类国家改革程度最大，包括澳大利亚和智利等7个拉丁美洲国家。

第二，私人管理的FDC个人账户与公共管理待遇确定个人账户结合。包括：丹麦、保加利亚、立陶宛、哥斯达黎加和乌拉圭5国。其中，丹麦将强制性公共养老金账户分为DB和DC两个部分。

第三，公共管理名义账户和积分制。包括瑞典、意大利、拉脱维亚、波兰4个名义账户制改革国家和法国、德国等5个积分制改革国家。

第四，私人管理的FDB个人账户和公共管理信用确定账户。在基本养老金制度中引入该类账户的国家不多，前者只有荷兰和冰岛，两国的账户虽然是DB型的，但私人管理必然要求建立个人账户进行积累核算；后者只有瑞士一个国家实行，该制度实际上是提供了政府担保的积分制。

总之，从表2-4可以看出，面对人口老龄化趋势和不断提高的公共养老金财政负担，公众逐渐意识到，如果不进行结构性改变，不仅养老负担会进一步加重，而且承受这一负担的未来的老年人将得不到保障。在这种背景下，受私人养老金制度的启发，越来越多的国家在强制性公共养老金制度中引入个人账户。通过提高积累效率、创造自愿延迟退休和缴费储蓄机制以避免公共养老金制度"破产"。即使在福利国家中相对"落后"的美国也兴起了个人账户的讨论并得到大多数民众的支持。根据"第三盛世"（Third Millennium）的一项对美国不同年龄人口对个人账户的态度调查，54%的18~34岁被调查者表示强烈支持，26%表示有点支持，还有4%表示无所谓，反对者仅占14%；65岁及以上的老年人反对者也仅占35%，甚至连美国退休者协会（AARP）也承认养老保障制度的问题，并认为有补救的必要①。因此，将个人账户引入基本养老金的国家可能还会进一步增多。

---

① 马歇尔·N.卡特和威廉·G.希普曼著，李珍等译：《信守诺言——美国养老社会保险制度改革思路》，中国劳动社会保障出版社2003年版，第78~79页。

第四节　小　结

养老金制度的产生及演变是适应经济社会环境变化的结果。公共养老金起源于 19 世纪末期，这是对当时工业化和城市化进程的回应。二战后，PAYG + DB 养老金制度的扩张也是与当时的经济和人口结构变化相适应的。到 20 世纪后期，由于人口老龄化、提前退休和福利膨胀，受益人的增长快于赡养他们的工作人口的增长，养老金财务支出缺口和潜在压力不断增加，开始对全球大部分国家和地区的公共养老金制度提出挑战。人口结构经济和社会环境的变化要求养老金制度进行改革。

由于 PAYG + DB 养老金制度在战后已经居于主导地位，在路径依赖的作用下，大多数国家进行的是参数式改革，但这样的改革在人口老龄化仍在加深的情况下仍然不能消除制度财务不可持续的威胁。通过引入个人账户可以锁定旧制度债务，抑制福利膨胀。FDC 个人账户还有降低"伪储蓄"和优化资本市场结构的功能。"伪储蓄"是指没有投资于市场，直接转化为消费基金的储蓄①。在现收现付制下，个人的养老缴税并不是经济学上可以转化为投资的储蓄，而是一种宏观上的转移支付，在促进生产和技术进步上的作用很小。更重要的是，个人账户的 DC 给付方式和微观积累属性具有良好的缴费储蓄和延迟退休激励机制，是通过个人行为为变换抵消人口老龄化和宏观经济客观冲击，从而建立公共养老金制度财务可持续内生机制的有效途径。因此，在公共养老金制度中引入个人账户是未来改革的趋势之一。

---

① 彼得·德鲁克著，刘伟译：《养老金革命》，东方出版社 2009 年版，第 69 - 71 页。

第三章 个人账户改革对公共养老金制度财务可持续作用理论分析

个人账户缴费与待遇的紧密联系或者说精算中性是潜在的促进公共养老金制度财务可持续的关键。因为建立账户可以改变个人的心理核算方式，使理性的经济人改变储蓄和劳动决策以在追求效用最大化的同时宏观上克服人口老龄化的影响，进而实现制度的财务可持续。因此，个人账户能否改变人们在养老金问题上的心理核算是其与传统 PAYG + DB 制度的关键区别。本章分析个人账户改革可能促进公共养老金制度财务可持续的理论基础及限制条件。首先，以财务收支恒等式为起点，分析了 DC 与 DB 待遇给付方式和 PAYG 与基金制对风险责任归属和财务可持续的影响；其次，在生命周期模型的框架下，研究个人账户促进制度财务可持续的机理；再次，将行为经济学分析方法纳入生命周期模型和世代交叠模型，比较不同养老金制度下个人决策行为差异及其对宏观财务的影响；最后，归纳 FDC 和 NDC 个人账户发挥潜在的促进公共养老金制度财务可持续的限制条件。

第一节 公共养老金制度财务可持续的理论基础

一、养老金制度收支平衡与财务可持续分析起点

（一）养老金制度财务平衡与财务可持续恒等式

从个体角度看，养老金的目的是将工作时期的部分劳动成果

转移到退休时期。在传统家庭养老模式下，人们通过养育下一代换取年老时的实物转移支付。这种财富代际转移在资本市场形成和工业化之前是人类养老的基本方式。家庭养老是一种单纯人力资本积累养老模式。在家庭养老模式下，没有社会化的养老金制度，也就没有所谓的财务可持续问题。

工业革命及其引起的城市化造成了家庭养老保障功能的弱化；子女与老年父母生活空间的分离和预期寿命的延长使家庭养老模式逐步被社会养老取代。在社会化养老和货币经济条件下，任何养老保障模式都变成一种社会再分配和金融行为，因而提出了制度财务可持续问题。

财务平衡指养老金制度收入等于支出。如果制度设计不能适应人口结构和宏观经济变化，财务失衡长期化就会导致财务不可持续。因此，财务可持续性分析的基础是养老金制度财务平衡恒等式：

$$sWL = pN \qquad (3-1)$$

其中，s 为缴费率；W 为平均实际工资；L 为劳动力人数；p 为平均实际养老金；N 为养老金领取人数。

从式（3-1）可以看出，任何养老金制度都是为人们提供一个以现在产品换取未来产品的权利，无论现收现付还是个人账户都无法改变工作一代分配一定比例社会产品赡养退休一代的属性[1]。

在人口老龄化条件下，劳动力人数相对于养老金领取人数（L/N）动态下降，要维持财务平衡和长期可持续有三个办法：增加缴费率、降低待遇和提高退休年龄。但在老龄化加深过程中，频繁调整三个指数显然是不现实的。有一个办法能实现世界银行定义的"制度财务可持续"，即使 s 和 p 在长期保持固定的比率，而不需要政府财政补贴，只有实际工资（劳动生产率）提高的速度等于或超过人口老龄化，养老金制度才会实现财务收支自动平

---

① 尼古拉斯·巴尔：《养老金改革：谬误、真理与政策选择》，载《保险与社会保障》第一辑，郑秉文等主编，中国劳动社会保障出版社 2006 年版，第 33 页。

衡和长期可持续。这就需要养老金制度具有提高养老储蓄和延迟退休的激励，降低养老金制度对个人经济决策行为的扭曲，从而为经济增长创造条件。传统 PAYG + DB 公共养老金制度显然不具备这种功能，相反，该制度本身就是这些扭曲行为的根源，因此对其改革是现实财务可持续的必要条件。

（二）公共养老制度的责任归宿与宏观融资形式对财务可持续的影响

在一定意义上讲，所有养老金都是现收现付制。因为从代际交换的角度看，每一时期的产出都在不同代之间进行分配。但随着养老金计划的不同，其待遇确定、融资方式和风险分配亦不同，这些差异会影响个人行为和宏观经济环境，反过来又影响制度的财务可持续。

1. DB 和 DC 待遇计发方式的影响。待遇计发方式主要影响个人养老储蓄和退休决策的激励和约束条件。在 DB 待遇计发方式下，宏观上，制度设计者事先为劳动者确定一个目标替代率，再根据这一替代率而不是缴费贡献确定养老金给付金额；微观上，一般不需要建立个人账户，养老金待遇和缴费不直接相关。个人工作年限、年龄、健康及家庭状况、平均工资增长和通货膨胀等都是决定其养老金给付的重要决定因素，而不是缴费实际贡献。作为 DB 型公共养老金制度发起人，国家承担退休收入保障的主要责任，制度财务赤字和不可持续风险由财政承担。由于国家财政的深度干预，即使有一定的资金结余也不能进行市场化投资，因此 DB 计发方式一般与 PAYG 的融资方式相联系。DC 待遇计发方式实际是商业人寿保险在社会保险领域的运用，一般是先根据精算制定一个费率，个人、雇主和国家采取两方或三方缴费以筹集资金。采取 DC 待遇计发方式必须建立个人账户，养老金待遇水平取决于账户积累及其投资或记账收益总和。在计算该费率时往往也是基于一定的替代率推算的，但国家承担隐性担保责任比 DB 制下低得多。DC 计发方式与基金制的组合就是 FDC 养老金制度，该制度下，财务风险理论上都由个人承担，国家的责任主要是立法强制缴费和提供基金运行的宏观经济环境及监管，理论上讲，没有制度财务不可持续的问题。DC 计发方式与 PAYG 的组合就是 NDC 养老金，在该制度下国家还有承担个人账户记账收益的责任。DB 和 DC 待遇计发方式的特点及责任归宿见表 3 – 1。

表 3 – 1　　DB 和 DC 待遇计发方式与财务风险责任归宿比较

计发方式	待遇确定程度	缴费与待遇关联	财务风险主要承担者
PAYG + DB	强	弱	国家
FDC	弱	强	个人
NDC	弱	强	个人、国家

资料来源：Franco Modigliani and Arun Muralidhar，"*Rethinking Pension Reform*"，Cambridge University Press，2005，p7.

2. PAYG 和基金制融资方式的影响。PAYG 融资方式就是用当前参保者的缴费支付退休人员养老金，一个纯粹的公共 PAYG 制度不存在资金积累，对资本形成没有促进作用。而且，PAYG 制度资金运行还使得"个人养老储蓄"不再是一种"投资性资金"和"长期储蓄"，而是变为当期的"转移支付"和"消费"①。基金制融资方式是劳动者在工作期间缴费形成账户积累资金，并由基金管理机构进行投资运营，养老金给付由工作期缴费与投资收益减去管理成本后的余额决定，没有资金上的代际转移支付。基金制融资是一种预筹资制度，从个人角度意味着预先进行养老金积累以满足退休生活需要，从宏观角度意味着国民储蓄增加②，从而促进产出增加。因此，相较 PAYG 融资方式，基金制更容易抵御人口结构变化的冲击。

图 3 – 1 模拟了在保持替代率不变条件下，随着老年赡养比上升缴费率提高的程度。PAYG + DB 公共养老金制度的 DB 待遇计发方式缺乏微观激励机制，甚至对个人养老储蓄和退休决策有扭曲作用，PAYG 的融资方式对长期经济增长也没有促进作用，因此，老年赡养比的上升几乎一对一地由缴费率上升承担。FDC 制度既

---

① 彼得·德鲁克著，刘伟译：《养老金革命》，东方出版社 2009 年版，第 74 页。
② Martin Feldstein，"The Case for Privatization"，Foreign Affairs，July／August，1997，available at：http：//www. nber. org/feldstein/fa0797. html.

强化了微观养老储蓄和劳动供给激励机制，又提高了资本形成，在老年赡养比较低的阶段，老龄化冲击大部分被资本增加和延迟退休引起的产出增加抵消，缴费率基本保持稳定，即使老年赡养比进一步上升，财务压力也有较大部分分流到市场上。NDC 养老金制度只矫正了 DB 待遇计发方式对个人行为的扭曲，但保留了 PAYG 的融资方式，对资本形成和经济增长没有促进作用。

综上所述，如果金融市场完善且不考虑转型成本，人口老龄化加深条件下，实际中运行的三类公共养老金运行模式的财务可持续能力排序为：FDC > NDC > PAYG + DB。

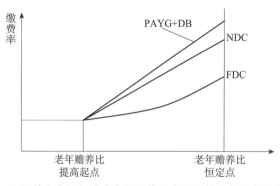

图 3 - 1 不同养老金运行模式在相同待遇水平下的老年赡养比与缴费率

二、个人账户与传统公共养老金制度应对潜在财务危机能力差异分析

（一）基于生命周期理论的养老金制度财务可持续性比较研究

最早用于分析养老金个人行为的是生命周期模型。该模型最早由费舍尔（Fisher）在 1930 年提出，并用两期模型分析了工作期间储蓄对退休期间消费的重要性。1948 年，哈罗德（Harrod）扩展了费舍尔的两期模型，探讨了家庭消费与总资本积累的关系，提出了著名的"驼峰储蓄"理论，这形成了生命周期模型的雏形。20 世纪 50～70 年代，莫迪利亚尼（Modigliani）、安杜（Ando）、

默顿（Merton）等人扩展了生命周期模型，并做了大量实证研究[①]。

生命周期模型认为，人们倾向于平滑一生的消费，储蓄的主要动机是积累足够资产以保证退休时消费水平不变。假定代表性个人是理性的且具有完全的信息，能对自己整个生命周期的收入准确预测，并安排消费计划。生命周期理论的主要观点是个人的当期消费取决于终身财富的现值：

$$C_t = b(A_t + \overline{W}_t) \tag{3-2}$$

个人在终身非人力财富和人力财富约束条件下决定消费：

$$\sum_1^T \frac{C_t}{(1+r)^t} = A_t + \sum_{s=t}^R W_s \left(\frac{1}{1+r}\right)^{s-t} \tag{3-3}$$

其中，A_t 指非人力资本财富；$\overline{W}_t$ 指人力资本财富，即终身工资收入的现值，b 是边际消费倾向，等于生命长度（T）的倒数；r 指贴现率。

生命周期模型假定消费倾向终身不变（$1/T$），储蓄即为当期收入与消费的差额。从人的一生看，劳动收入与财产等于消费总额，由于消费稳定不变，人们工作期间的总储蓄刚好等于退休总消费。生命周期模型没有研究个人的劳动供给和退休决策。但如果退休年龄是弹性的，该模型也可以分析退休决策。

从图 3 - 2a 可以看出，个人在 OR 期积累，RD 期退休。当预期寿命延长时（假设延长的时间为 DD'），如果不采取行动，其退休时的消费曲线将由 AD 变为 AD'，产生老年贫困现象。对于低收入者，就必须延长工作时间以增加终身储蓄总额才能维持个人退休消费。但实际上这种现象并不会出现，因为如果个人是理性的，他会在不降低工作期消费水平的情况下，自主延迟退休，将退休时间由 R 移到 R'，终身消费水平不降低且平滑。如果个人收入较高且对闲暇的偏好很高，不愿意延迟退休，他就会自动增加积累率，使终身积累额从 ARO 增加到 A'RO，这样其终身平均消费水

---

① Blake D. , "*Pension Economics*", John Wiley & Sons Ltd, The Atrium, Southern Gate, Chichester, 2006, pp. 13 – 19.

平也不变，但工作期的平均消费水平就低于退休期（见图 3 - 2b）。据此可以推断，完全私有化养老金制度在理论上可以实现财务可持续。

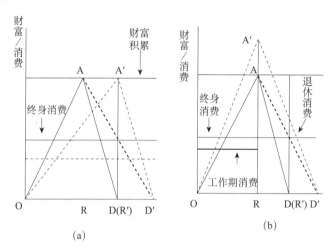

图 3 - 2　生命周期框架下预期寿命延长引起的行为变化

资料来源：笔者根据 Blake D.，"*Pension Economics*"，John Wiley & Sons Ltd，The Atrium，Southern Gate，Chichester，2006，p19 绘制。

PAYG + DB 公共养老金制度出现后，生命周期内的分配扩展为社会再分配。如果人口结构不变，政府能保持福利提高与工资及财富增长一致，且现收现付养老金制度按照全社会生命周期分配储蓄与消费，可以实现制度的财务收支平衡，在世代交叠条件下是可持续的。但是，在人口老龄化和福利膨胀条件下，PAYG + DB 制度没有应对的微观激励机制，财务可持续问题必然出现。个人账户制度具有良好的微观激励机制，可以内生地促使个人增加养老储蓄和劳动供给（延迟退休）以应对人口结构变化，而且其个人精算公平机制可以有效约束福利支出膨胀。因此，个人账户较 PAYG + DB 制度容易实现财务可持续。

1981 年，布兰德（Blinder）在生命周期模型框架下研究了个人养老储蓄和退休决策行为，表明个人账户有利于激励个人养老储蓄和推迟退休[1]。原因如下[2]：

第一，个人账户可以矫正现收现付制造成的储蓄扭曲。传统的公共养老金往往是以现收现付形式运行，没有实际积累和对个人严格的精算中性，退休人员基于缴税事实获取养老金待遇，工作年龄人口的缴税立即通过转移支付成为退休人员的消费。养老金缴税会扭曲个人储蓄行为，即所谓的"挤出效应"。引入个人账户可对传统 PAYG + DB 制度产生矫正作用。图 3－3 反映了 PAYG + DB 养老金制度对储蓄的扭曲，以及引入个人账户后对这种扭曲的矫正。在没有公共养老金制度情况下，假设个人没有遗产继承，其拥有的禀赋为 E_1（W_0，W_1），最优消费点 A（C_0，C_1）是跨期效用无差异曲线 II 与预算约束曲线 BB 的切点，其中，下标为 0 的表示工作期，为 1 的表示退休期，模型省略了工作前的时期，但不影响问题的分析。当引入现收现付养老金制度后，强制缴税降低了个人可支配收入，禀赋点由 E_1 移到 E_2。在没有流动性约束情况下，消费者可以通过跨期借贷保持效用不变，但储蓄由（$W_0 - C_0$）下降为（$X_0 - C_0$）。引入私人积累性质的个人账户后，由于个人缴费（$W_0 - X_0$）被积累起来，只是改变了储蓄结构，总储蓄仍为（$W_0 - C_0$）。因此，即使个人账户缴费 100% 挤出私人储蓄，也对现收现付养老金的储蓄扭曲有矫正作用（见图 3－3a）。实际上，在考虑到流动性约束（即人们不可能通过借贷完全抵消缴费引起的当期可支配收入的下降）和个人账户的心理核算会计属性后，养老金缴费的储蓄挤出效应更小，总储蓄可能超过没有引入社会养老金制度前的水平，这在人口结构老龄化条件下维持财务可持续尤为重要，本书将在下一节具体论证。

第二，个人账户较现收现付制更有利于发挥税收优惠政策的养老资产积累作用。理论上，任何养老金制度都会降低个人预防

---

[1] 布兰德（Blinder）比较的现收现付养老金和实账积累个人账户制度的个人行为决策。笔者认为，从个人角度看，实账积累和名义账户下个人行为差异不大，故在这一部分不加区分统称"个人账户"。

[2] Blake D. , "Pension Economics", John Wiley & Sons Ltd, The Atrium, Southern Gate, Chichester, 2006, pp. 19－29.

性储蓄。在现实中，大多数国家都给予个人账户一定的税收优惠，这会使跨期约束由 BB 变为 $B'E_2'E_1B$。在这种情况下，个人效用无差异曲线由 II 提高为 $I'I'$，虽然总储蓄由没有养老金制度时的 $(W_0 - C_0)$ 下降为 $(W_0 - X_0)$，但养老资产增为纵轴向上平移的距离 BB'，这是税收优惠及其市场投资引起的养老资产的增加（见图 3-3b）。但在现收现付制度下，人们不会区分养老保障税和其他税。当政府给予同幅度减税时，人们会在两个时期分配减税收入。在这种情况下，预算约束便位于为 $B'E_2$ 和 BB 之间。个人效用为和养老资产都低于个人账户下的水平[①]。

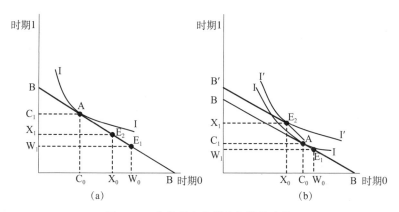

图 3-3　公共养老金制度与储蓄决策

资料来源：Blake D.，"*Pension Economics*"，John Wiley & Sons Ltd，The Atrium，Southern Gate，Chichester，2006，p21 - 23.

第三，个人账户制可以激励低收入者延迟退休，降低现收现付制的诱致退休效应。现收现付养老金制度激励人们提前退休[②]。主要原因是现收现付养老金制度的待遇确定属性，养老金发放是基于年龄特征给予的一种权利，政府出于公平、降低支出等原因，一般情况下，养老金待遇必须有一定的收入调查标准，但该政策

---

① 为了分析方便，假设税收优惠不会导致边角均衡。

② Martin Feldstein，"Social security，induced retirement and aggregate capital accumulation"，Journal of Political Economy，Vol. 82，1974，pp. 905 - 925.

组合不利于人们在身体条件允许的情况下延长工作年限。图 3-4 显示了代表性的达到法定退休年龄且身体健康的人的劳动供给和是否退出劳动市场的决策。在没有公共养老金制度的情况下，达到最低退休年龄后的预算约束为 BT，劳动者的均衡点为无差异曲线 II 和预算线的切点 F 处，此时的劳动和闲暇（自主退休）时间分别为 OL_0 和 L_0T。当政府提供 ST 的待遇确定养老保障时，养老金发放时往往会考虑老年人的退休收入，这就意味着在达到领取公共养老金最低退休年龄后继续工作就面临一定的隐性税。假设 B 点对应的是最低法定退休年龄，在 B 点后继续工作，其工作收入每增加 2 元养老金待遇降低 1 元，即假设 BC 的斜率是 BT 的 1/2，预算约束就变为 BCST，劳动者在考虑隐性税的条件为实现效用最大化，在无差异曲线和预算线 BC 之间某点相切达到均衡，记为 E_1，对应的最优退休时间为 L_1，此时劳动者延迟退休的时间由 OL_0 的下降为 OL_1，这表明待遇确定公共养老金有抑制劳动者的延迟退休作用。个人效用虽然由与 E_0 相切的无差异曲线提高到与 E_1 相切的水平，但由于扭曲无法提高到过 C 点的无差异曲线水平[①]。当将养老金制度改为个人账户制后，对于个人积累的资产就不必设置收入调查。这样将隐性税收的楔子以缴费配比或税收优惠形式进入个人账户的福利补贴（图 3-4 中的 TS）就具有精算中性，新的均衡点是无差异与 CS 之间相切的一点，记为 E_2。此时，劳动者延迟退休的时间由 OL_1 增加到 OL_2，不仅矫正了待遇确定公共养老金的扭曲，而且激励个人多工作 L_0L_2 这么长的时间，个人效用也得到提高，无差异曲线也右移到与 E_2 相切的水平。这表明公共养老金制度引入个人账户不仅能消除对老年人劳动供给的扭曲，而且会激励延迟退休，提高效用水平。

此外，在个人账户制度下，养老金待遇取决于账户积累（或模拟积累）和投资收益，当个人在临近退休时发现积累水平不能满足消费需求，在身体允许情况下倾向于继续工作缴费

---

① 图 3-4 中没有画出无差异曲线。

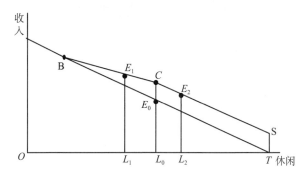

图 3 - 4　公共养老金制度与退休决策

资料来源：Blake D. ，*"Pension Economics"*，John Wiley & Sons Ltd，The Atrium，Southern Gate，Chichester，2006，pp24 - 26.

以积累资产[①]。这一方面减少账户支出，另一方面增加收入。因此，引入个人账户有利于制度的财务平衡和可持续。特别是对于以现收现付融资的名义账户意义更大，该制度在现收现付融资条件下，可能克服 PAYG + DB 养老金对个人行为的扭曲，从而发挥类似于实账积累的个人账户的精算公平和激励作用。

（二）基于世代交叠理论的养老金制度财务可持续性比较研究

世代交叠（OLG）模型是生命周期的动态化形式，最早由萨缪尔森（1958）年提出，戴蒙德（1965）、布兰查德（1985）等都从不同的角度加以完善。其基本思想是：人的生命周期可划分为几个阶段，处于相同阶段的人称为一代人，每一代人都和其前后两代人进行交换。该模型可以用来分析个人按照生命周期模型分配储蓄—消费和工作—闲暇的宏观结果。最简单的是两期模型，人们在年轻时储蓄借给未来一代作为生产资本，当代人借用老年人的储蓄进行生产并支付其养老金。

为分析方便，假设缴税（费）和领取待遇都是一次性的

---

① Bodie，Z.，Merton，R. and Samuelson，W. "Labor supply flexibility and portfolio choice in a life cycle mode"，Journal of Economic Dynamics & Control，1992（16），pp. 427 - 449.

（lump-sum）[1]。在没有养老金的世代交叠模型中，代表性个体工作期和退休期的预算约束分别为：$C_t^{yong} + S_t = W_t - T_t$ 和 $C_{t+1}^{old} = (1 + r_{t+1}) S_t + P_{t+1}$，其中，$C_t^{yong}$，$C_{t+1}^{old}$ 表示工作一代和退休一代的消费，P_{t+1} 为向老年人转移支付，T_t 和 S_t 为一次性缴税（费）和储蓄。

代表性个人的终生预算约束为：

$$W_t - T + P_{t+1}/(1 + r_{t+1}) = C_t^{yong} + C_{t+1}^{old}/(1 + r_{t+1}) \quad (3-4)$$

理论上，在人口结构不变的情况下，任何社会化养老金制度只要遵循精算原则，制度财务都是可持续的。但现收现付和积累制养老金融资方式的差异导致两种制度对经济增长的促进和对外部冲击的适应能力差异迥异。

第一，个人账户制度具有内在的调节制度财务平衡和可持续的激励机制。个人账户具有精算中性（neutrality），而现收现付可能对经济行为产生扭曲；在个人账户下，对外部冲击通过市场行为应对，在现收现付制度下，必须通过政府财政行为加以解决。

在现收现付制度下，当期缴税直接用于支付养老金。为简化分析，假设制度没结余，并令 n 为人口增长率，则养老金待遇为：

$$P_t = (L_t/L_{t-1})T_t = (1 + n)T_t \quad (3-5)$$

假设费率恒定（$T_{t+1} = T_t = T$），将式（3-5）代入式（3-4）得现收现付养老金制度的个人预算约束为：

$$W_t - [(r_{t+1} - n)/(1 + r_{t+1})]T = C_t^{yong} + C_{t+1}^{old}/(1 + r_{t+1})$$

$$(3-6)$$

从式（3-5）看，养老金待遇的变动取决人口增长率的变动，在 PAYG + DB 制度下，人口冲击压力会直接传导到税收负担和养老金待遇上，没有市场机制的缓冲与矫正。式（3-6）实际上就是 1958 年萨缪尔森的"生物报酬率"理论[2]。人口因素和养老金缴税进入个人预算约束，当 $r_{t+1} < n$ 时，通过现收现付制养老金制度，

---

① Blake D., "Pension Economics", John Wiley & Sons Ltd, The Atrium, Southern Gate, Chichester, 2006, pp. 106 - 131.

② Samuelson, P., "An Exact Consumption-Loan Model of Interest with or without the Social Contrivance of Money", Journal of Political Economy, Vol. 66, No. 6, December 1958, pp. 467 - 482.

会改善个人福利，当 $r_{t+1} > n$ 时，现收现付制度就会扭曲资源配合，抑制储蓄和资本形成。1966 年，阿伦在生物报酬理论基础上加入工资增长率（g），提出了比较养老金制度效率的"阿伦条件"（Aaron condition）。当 $r < n + g$ 时，现收现付制度优于实账积累制，反之，实账积累优于现收现付制①。

现收现付养老金虽然在一定条件下可以消除过度储蓄，促进经济增长，获得较没有养老金制度和实账积累制的帕累托改进。但现收现付养老金待遇是基于缴税获得的一个权利，对个人来说没有精算性，当 $r < n + g$ 时，制度没有改变个人行为应对宏观外部冲击的动力机制，养老金制度的财务平衡可持续主要靠政府外部干预维持。

在个人账户制度下，养老金的待遇取决于年轻时的缴费积累及市场投资收益：

$$P_{t+1} = (1 + r_{t+1})T_t \qquad (3-7)$$

将式（3-7）代入式（3-4）得：

$$W_t = C_t^{yong} + C_{t+1}^{old}/(1 + r_{t+1}) \qquad (3-8)$$

式（3-8）中，养老金制度变量没有进入个人终生预算约束，表明个人账户和没有养老金制度时的预算约束一样，具有制度中性。即个人账户不会改变个人终生消费—储蓄安排，对经济没有扭曲。因为实账积累制度下，政府将个人账户缴费以市场化运作方式投入生产领域且能使人们相信政府的确如此，个人激励机制效果良好。在名义账户制度下，虽然没有实际积累，但其微观激励机制与实账积累制度类似。只要缴费率不超过个人自主储蓄率，市场机制可以实现养老金制度财务可持续。由于个人账户制将决策行为下放给个人，当受到人口老龄化等冲击影响时，个人和机构会自动进行一定的行为改变以消除冲击的不利影响。

第二，实账积累和现收现付对经济增长的作用不同，而应对老龄化危机最有效的途径是刺激个人储蓄形成真正的生产资本，

---

① Aaron, H., "The Social Insurance Paradox", The Canadian Journal of Economics and Political Science, Vol. 32, No. 3, August 1966, pp. 371-374.

这是维持制度财务可持续的物质基础。实账积累账户制度从第一代开始，缴费储蓄就形成当代的资本进入生产领域，以后各代持续提供。现收现付制度的第一代受益人直接从第二代的缴费获得养老金，不需要缴费，从第二代起个人需要缴费，对个人来说增加了储蓄，但这并不是经济学上可以转化为投资的储蓄。德鲁克将不能转化为可投资的储蓄称为"伪储蓄"①。从第二代起，实账积累和现收现付制在相同缴费负担情况下，潜在的财务可持续能力差异显现出来。首先，现收现付的融资机制将本来可以用于资本形成的个人储蓄通过转移支付即时变为老年人的退休金，这是长期资金短期利用，丧失了账户制下潜在的长期高回报。其次，现收现付融资方式是一个生产基金转化为消费基金的机制，实账积累账户制则刚好相反，后者更适应人口老龄化情况下的经济社会环境。在需求不足情况下，现收现付制可以拉动经济增长。但随着人口老龄化，社会需求上升较快，供给出现不足，现收现付养老金制度用越来越少的工作一代的"伪储蓄"来支付老年人的退休金，制度财务收支必然出现赤字并随着老龄化程度的加深而扩大。弥补赤字的最终办法是提高资本形成率，即转化部分消费基金为生产基金，实账积累账户的融资机制与财务收支平衡及可持续是一致的，而现收现付制度刚好相反。

第二节 个人账户制促进财务可持续的行为经济学基础

一、心理账户与待遇确定现收现付养老金制度

生命周期理论阐明了人类养老的基本事实：大多数人在工作

---

① 彼得·德鲁克著，刘伟译：《养老金革命》，东方出版社 2009 年版，第 69 - 71 页。

期间让渡部分财富用于积累投资、生养子女，在年老时以此换取下一代部分财富作为消费来源。在进入工业化社会后，以社会保险形式实现代际交换成为主体模式。社会保险强调的仍然是个人责任，没有破坏个人养老决策的环境。但二战后福利国家兴起，待遇确定现收现付制成为社会养老的主要形式。该制度政府干预过多，破坏了缴费与待遇紧密联系原则、个人责任与微观精算原则，割裂了养老金积累与市场的联系。实际上，待遇确定现收现付制扭曲了个人在心理账户（mental accounting）中对养老金的感知、评价和决策机制。这是养老金制度财务不可持续的体制性原因。

1985 年，萨勒（Richard Thaler）在《心理账户与消费者行为选择》中提出了心理账户理论，系统分析了心理账户现象，指出人们对经济行为的感知、评价和决策是按照一种潜在的心理规则进行的，与新古典"经济人"假设下得出的规律是背离的[①]。1999 年，萨勒进一步总结了心理账户三个组成部分：第一部分阐述人们如何感知和体验结果，以及如何评价结果并做出决策；第二部分阐述人们的心理账户将不同的资金根据其来源和用途不同进行标注并分配到不同账户中，这形成了对不同开支的预算和限制机制；第三部分关注的是人们对心理账户评估的频率，这反映了对账户的关注程度[②]。

（一）价值函数、心理账户的核算规则及 PAYG + DB 制度引致的行为扭曲

价值函数是心理账户理论反映个体或家庭对经济行为结果的体验与评价的结果，是进行心理账户核算并做出决策的基础[③]。心理账户理论的价值函数以快乐（效用）体验最大化为目标，即人

---

① Thaler R. , "Mental Accounting and Consumer Choice", *Marketing Science*, Vol. 4, No. 3, 1985, pp. 199 – 214.
② Thaler R. , " Mental accounting matters", Journal of behavior decision making, 1999（12）, p184.
③ 价值函数是用货币表示的间接效用函数。

们追求的是主观体验的价值最大化，所以称为享乐价值函数（见图 3 - 5）。个体对交易结果的体验与评价规则如下：

$$v(x\&y) = Max[v(x + y), v(x) + v(y)] \qquad (3 - 9)$$

v 表示主观体验的价值，x 和 y 是交易的货币价值（正号表示收益、负号表示损失）。这意味着个人体会以主观体验价值即快乐最大化为目的决定分离还是组合不同的交易。

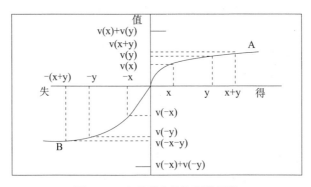

图 3 - 5 心理账户价值评估函数

资料来源：Thaler R. ，"Mental Accounting and Consumer Choice"，*Marketing Science*，Vol. 4，No. 3，1985，p203.

价值函数有以下三个重要特征分别对应心理账户核算的三个基本规则：

（1）价值函数依据特定的参照点的收益和损失设定。人们关注的是财富变化，而不是预期效用理论的财富总量，这反映了心理账户分散（piecemeal）决策的特点。交易经常被独立评价，而不是和所有其他交易一起联合评价。

（2）价值函数的收益和损失函数敏感性递减。即收益曲线是凹的（concave），损失曲线是凸的（convex）。这反映了心理物理学的基本原则（Weber-Fechner law），不考虑其符号上的含义，10美元和 20 美元之间的差别要大于 1 000 美元和 1 010 美元之间的区别。

（3）损失厌恶。100 美元损失带来的痛苦大于获得 100 美元获得的愉悦①。

只有在符合心理账户核算特征的基础上进行干预才能收到较好的效果。萨勒在1985年总结了心理账户的收益—损失规则，隐含了四个干预原则②。（1）使多个收益分开核算。因为收益价值函数是凹的，$v(x) + v(y) > v(x + y)$。对养老金的启示是以年金形式发放比一次性发放价值高。（2）使多个损失联合核算。因为损失的价值函数是凸的，$v(-x) + v(-y) < v(-x-y)$，对养老金的启示是要合并收费，收费频率要低。（3）使较小损失和较大收益联合核算。假如一笔收益（x）和一笔支出（-y）决定一个结果，且 $x > y$，则有 $v(x) + v(-y) < v(x-y)$。对养老金的启示是使参保人将缴费与受益联合起来核算有利于降低缴费带来的主观价值下降。（4）使较小收益与较大的损失分开核算。该原则对养老金制度的启示是要使人们对基本养老金与企业年金等区别看待，防止企业年金损失降低基本养老金的主观价值。

从心理账户的核算特征和体验规则可以得到以下启示：首先，心理账户理论中，当期消费主要由短期收入和短期资产决定的，特别是短期收入波动对消费（储蓄）的影响最大，收益和损失权衡短期化是由普遍存在的短视心理引起的，这意味着人们不可能预测终身永久收入并按照生命周期模型平滑消费。因此，政府对基本养老金制度进行干预是必要的。其次，政府对养老金制度的干预要符合心理账户核算规律。待遇确定现收现付破坏了心理账户对养老金的收益和损失联合核算机制。由于心理账户收益—损失核算参照点是短期甚至是当期，且缴税义务和享受待遇的权利没有明确的微观精算关系。在年轻时，缴税对消费的抑制所引起的心理账户很大损失，但人们不会用基于完成缴税义务而获得的未来的待遇给付收益来弥补这一损失，对制度的主观体验价值为

---

① Thaler R., "Mental Accounting Matters", Journal of behavior decision making, 1999 (12), p185.

② Thaler R., "Mental Accounting and Consumer Choice", Marketing Science, Vol. 4, No. 3, 1985, p202.

负数，因而有少报收入避税的动机；在临近退休时，参照点后移，缴税对消费的抑制所引起的理账户损失很小，而提高税基获得的收益增长很大，人们对制度的主观体验价值极高，有多报收入以获取更高待遇的动机。

（二）心理账户分类规则及 PAYG + DB 制度对行为的扭曲

心理账户理论认为，人们对资金也会和现实的会计核算一样在心理账户中加以分类和标注，将不同的活动分配到不同的账户。按照主流经济学理论，折算成永久收入后，各个账户资金是可替代的。但在心理账户理论中，一类账户中的货币和另一类账户中的货币并不是完全可替代的。心理账户系统将财富分为三类：当期可支配收入（I）、短期资产（A）和长期资产（F）。三类财富的边际消费倾向不同，$1 \approx \partial C/\partial I > \partial C/\partial A > \partial C/\partial F \approx 0$，原因是进入不同心理账户的抗诱惑程度不同，对不同心理账户财富支出获得相同的价值付出的主观体验成本也不同，动用的财富期限越长，需要付出的成本越高。养老金资产几乎是期限最长的资产，向养老金账户缴费相当于从消费倾向高的账户向消费倾向低的账户转移，由此，可以预测，缴费被转化为养老金资产将构成对短期消费的限制，总储蓄增加①。但在 PAYG + DB 制度下，心理账户中没有养老资产概念，当期缴税被用于支付老年人的退休金，养老金制度是一个当期转移支付工具。这就破坏了个人账户上述财产转移和消费限制机制。

（三）PAYG + DB 制度降低了人们对养老金的关注程度和频率

心理账户的第三部分关注的是人们对心理账户关注的程度和频率。人们对于不同心理账户的关注程度和频率与账户资金来源和收益方式有密切关系。PAYG + DB 养老金制度以税收为融资渠道，人们基于一定的权利而获得退休收入，人们不可能频繁地关注短期的税收和未来的养老金收益，也不会在心理账户中把缴税

---

① Thaler R., "Anomalies: Saving, Fungibility, and Mental Accounts", The Journal of Economic Perspectives, Vol. 4, No. 1 (Winter, 1990), pp. 193–205.

和未来养老金联合评价。当经济和人口结构环境发生变化时，人们首先会认为是国家的责任，因为个人已经完成缴税义务，国家应该履行保障养老的责任。这样人们既不会同意增加缴税，也不会接受待遇的下调，更不会因为养老积累不足而自愿延迟退休。

总之，待遇确定现收现付养老金制度违背人们内在的终身财富分配、微观激励和约束机制，抑制养老金积累和劳动供给，不利于人们将人口结构和宏观经济对养老金待遇的冲击纳入个人养老金规划和调整中。

二、个人账户促进财务可持续的微观效应

费尔德斯坦早在1974年就指出，现收现付养老金制度制约了人们的储蓄积极性。此后，多位学者证明了实账积累制对个人储蓄有激励作用的结论。实际上，起作用的不是实账积累属性，而是个人账户的核算和微观积累特征与生命周期理论耦合度更高，矫正了 PAYG + DB 制度对个人心理账户的扭曲。从这种意义上看，实账积累和名义账户差别不大，都较待遇确定现收现付制缴费激励大。按照行为经济学的理论，建立个人账户有利于形成对个人心理账户核算的激励机制。在合理设置情况下，个人账户会通过内在的激励约束机制引导个人安排养老储蓄和退休决策，实现生命周期模型的平滑消费，养老金制度财务自动平衡。个人账户的激励机制包括以下几点。

（一）降低消费诱惑，强化自我控制

基本养老金引入个人账户以利用并放大心理账户的自我控制作用，不仅可以矫正原有待遇确定现收现付制对个人行为的扭曲，而且可促进人们在工作期间增加养老储蓄。心理账户理论指出，财富的不同形态对个人的消费诱惑力不同。如果将某笔资金由消费诱惑力高的心理账户转入诱惑力低的账户，那么它就更有可能被储蓄起来，因此，设置养老金账户有强化自我控制、增加养老储蓄的作用，特别是对中、低收入者。私人养老储蓄计划提供了很好的借鉴案例，研究显示，个人退休金账户和 401（k）等私人

计划是行之有效的促进储蓄的工具，参加退休储蓄计划的家庭，个人退休金账户和 401 (k) 资产增加，同时，其他账户资产没有明显减少[①]；另一个实验研究结果也显示，个人向私人计划缴费增加 1%，自主储蓄仅下降 0.3%[②]。基本养老金制度引入个人账户就是利用市场机制提供公共物品，其运作方式是模仿私人养老金的，通过法律为每人设置一个长期养老积累机制，可以起到比私人养老金更有效提高个人的自我控制能力的作用。

（二）联合核算，实现时间一致

生命周期理论假设人们的偏好是终生不变，个人行为具有动态的时间一致性。实际上，人们的偏好随年龄增长而变化。在进行跨期消费决策时，人们偏好在更近的时期消费，也就是说越临近退休，边际养老储蓄倾向越高[③]。在 PAYG + DB 制度下，缴费与待遇没有明确的联系，不可能解决缴费待遇的时间不一致问题，也没有中间调整的机会。在个人账户制下，缴费和待遇联系明确，自动提供或随时可得账户信息不仅使短视成本更加明显，而且使个人能对缴费（损失）和待遇（收益）联合进行评价，随时检验节俭程度是否足够。这样随着年龄的增长，边际储蓄倾向增加就可能转化为缴费增加，因为各国一般在最低缴费基础上都规定一个自主缴费额。另外，当达到法定退休年龄后，如果个人发现账户积累不足，只要处理好社会保障和个人账户的关系，部分老年人会自动推迟退休以延长积累期。

（三）矫正短视，激励储蓄和自愿延迟退休

虽然人们可能计划储蓄足够的养老资产，但实际上往往不会执行计划，主要原因是自我控制能力不足引起的短视行为。萨勒指出，出现上述计划与行动脱节的原因是人们的短期贴现率高于

---

① Poterba, James, Steven M. Venti and David A. Wise, "How Retirement Savings Programs Increase Savings", Journal of Economic Perspectives, Fall 1996, pp. 99 – 112.

② David Card and Michael R. Ransom, "Pension Plan Characteristics and Framing Effects in Employee Savings Behavior", ZA Discussion Paper No. 2939 July 2007, p20.

③ 彼得·戴蒙德和汉努·瓦蒂艾宁编著，贺京同等译：《行为经济学及其应用》，中国人民大学出版社 2010 年版，第 26 页。

长期。个人在规划退休安排时可能按幂指数贴现（exponential discounter）设定足够的储蓄，按照萨勒的公式，1 美元储蓄 30 年后终值为 5.74 美元，在具体执行时却按短期双曲线贴现（hyperbolic discounter），30 年后的终值仅为 3.32 美元①。现实中，多数人选择事实上收益低的短期贴现行为的原因是个人自我控制能力有限，心理核算中，短期储蓄的收益高于长期（见图 3－6 中 A 点左侧），使人们忘记或不愿理会长期规划，进而导致养老储蓄比计划或合意水平低。这种心理因素引起的养老储蓄不足必须通过外部干预来矫正，即补足短期内按双曲线贴现出现的损失（见 A 点左侧封闭空间）。事实上政府并不需要完全承担全部费用，只需对低收入者缴费进行一定的补贴，并对养老储蓄税收递延就能矫正个人自我控制能力不足引起的短视行为。因为对低收入者如果不补足补贴外的剩余部分就意味着"损失"了补贴；对中高收入者来说缴费和账户收益免税，在领取养老金时再征所得税，而退休后收入一般会下降，这样就可以合理避税，从而激励他们按照封顶（ceiling）金额缴费②。因此，个人账户制有较好的退休储蓄激励作用。

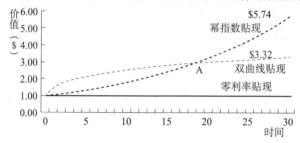

图 3－6　幂指数贴现与双曲线贴现

资料来源：Olivia S. Mitchell and Stephen P. Utkus，"*Pension Design and Structure：New Lessons from Behavioral Finance*"，Oxford University Press 2004，p7.

---

① Olivia S. Mitchell and Stephen P. Utkus，"Pension Design and Structure：New Lessons from Behavioral Finance"，Oxford University Press 2004，p7.

② 养老金所得税征涉及缴费、基金运营和领养老金领取三个环节，用 T 和 E 分别表示某环节征税和免税，理论上有 8 种组合，实践中大多数国家采取 EET 模式。详见：郑秉文：《中国企业年金发展滞后的政策因素分析——兼论"部分 TEE"税优模式的选择》，载《中国人口科学》，2010 年第 2 期，第 2－23 页。

引入个人账户制还有利于使个人自愿推迟退休。随着年龄的增长，账户内积累资金的时间价值显现，当时间移到 A 点的右侧后，幂指数贴现的收益超过双曲线贴现。这时账户积累实际贴现率与心理核算一致，只要不强制退休，多工作一年账户金额将加速增加，图 3－6 中表现为幂指数贴现收益曲线越来越陡峭。因此，在基本养老金制度中引入个人账户具有激励延迟退休的内生机制。

（四）产权明晰和可继承性的激励作用

虽然人类预期寿命不断提高，但个人仍面临早逝风险，机会主义心理使个人有规避缴费和提前退休的动机。因为在 PAYG ＋ DB 制度下，没有个人产权，也就不可继承，一旦参保人早逝，将遭受较大的福利损失。在账户制下个人拥有产权，而且可以继承早逝后的账户余额，这样通过馈赠动机可以在一定程度上克服个人机会主义。

（五）减低对政府依赖，强调个人责任

众所周知，如果不进行改革，PAYG ＋ DB 养老金制度财务不可持续已经成为不争的事实。改革分为参数式和结构式两类。参数式改革不改变制度基本属性，仅是提高退休年龄，调整待遇和缴费公式的参数，这本身就反映了政府态度不坚决，会引起多次动态利益博弈。人们认为，政治家为了获取短期支持会对特殊利益群体让步，并把成本留给将来的纳税人。在老龄化加深的过程中，人口结构呈倒金字塔形态，老年人群体将长期是力量最强大的利益群体，中年人群体因为接近退休也可能附和老年人，从而使财务不可持续问题一直得不到根本解决。在基本养老金制度中引入个人账户属于结构式改革。该类改革的一个重要的激励机制是向社会释放一个政府将养老责任转向个人的信号，使人们形成明确的预期。这一方面可以锁定福利隐性债务，另一方面能激励年轻人尽早开始养老积累。

三、个人账户促进财务可持续的宏观效应

个人账户能否促进养老金制度财务可持续还取决于人们对老

龄化预期及应对行动对宏观经济增长的影响。因此，下面首先将人口老龄化和福利膨胀纳入生产函数，分析两者对经济增长的影响，然后研究个人账户制养老金通过拉高平衡增长路径抵消人口老龄化和福利膨胀对经济增长的不利影响。

（一）引入老龄化和福利因子的平衡增长路径

索洛模型是研究经济增长的出发点，其重要等式稳态经济增长路径：$sf(k^*) = (n+g+\delta)k^*$，其中，$n$、$g$、$\delta$ 和 k^* 分别表示人口增长率、经济增长率、折旧率和稳态时的人均资本。为分析养老金福利和人口老龄化的影响，需要在稳态经济中加入福利分配和老龄化因子。首先，在储蓄决定中加入福利分配因子。从实物的角度看，无论哪种养老金制度都是从当期产出中用于老年人消费，因此，养老金越慷慨，在储蓄率既定条件下，实际储蓄越低。本书用老年人平均退休收入与社会平均收入之比代表养老金慷慨度，用 θ 表示。θ 值越大，养老金越慷慨。这样上式左边由 $sf(k)$ 变为 $(s-\alpha\theta)f(k)$，其中，α 表示老年人口比率[①]。其次，在持平投资中加入人口老龄化因子。在索罗经济增长模型中，人口结构是不变的，这是一个不符合当前现实经济的假定。本书用老年人口比率的增加代表老龄化因子，用 α^* 表示。至少在 20 世纪 70 年代至 21 世纪 30 年代，人类处于人口老龄化时期，也就是 $\alpha^* > 0$。此时，持平投资，即稳态经济增长路径方程的右边部分就由 $(n+g+\delta)$ 变为 $(n+g+\delta-\alpha^*/(1-\alpha))$。这样加入福利分配和老龄化因子后的稳态经济增长路径为[②]：$(s-\alpha\theta)f(k) = (n+g+\delta-\alpha^*/(1-\alpha))k^*$。

从上式可以看出，在人口结构不变条件下，福利膨胀即 θ 值增大必然会引起储蓄和投资不足进而制约经济增长和技术进步，一

① 人口统计通常将人口划分为三大年龄组：未成年人、成年人和老年人。通常，未成年人为 0～14 岁，成年人为 15～64 岁，老年人指 65 岁及以上人口。这里忽略了未成年人口，但不影响分析的结论。
② Romer, D., "Advanced Macroeconomics (Second Edition)"，上海财经大学出版社 2001 年版，第 15－26 页；李军：《人口老龄化经济效应分析》，社会科学文献出版社 2005 年版，第 54－64 页。

般表现为 g 和 δ 下降。人口老龄化则对经济增长具有正反两种作用。一方面，$\alpha^* > 0$ 意味着从动态看储蓄减少，产出相应下降，这是人口老龄化对经济增长的负作用。另一方面，又意味着老龄化使持平投资要求降低，对经济增长平衡路径有正的拉动作用。因此，人口老龄化对经济增长的影响取决于两种作用的对比。但是，需要指出的是，上述所谓正向拉动作用是建立在劳动力减少、总产出萎缩的基础上的，即使 θ 不变，社会资源也更多流向消费，需求拉动不能带来长期的供给增加。所以，人口老龄化对经济增长的负作用更大。

（二）个人账户制的产出促进作用

从加入福利分配和老龄化因子后的稳态经济增长路径等式可以看出，在人口持续老龄化条件下，要保持稳态时较快的增长率就必须控制福利膨胀、提高储蓄率、延迟退休。人口老龄化不断加深过程中，这些指标必须不断调整才能保证产出不下降。前面的分析表明，PAYG + DB 养老金制度降低了人们对老龄化问题严重性的预期，扭曲了个人心理账户的核算规则，不仅可能抑制储蓄，而且还有激励退休作用。在人口老龄化条件下，制度财务赤字和不可持续出现有一定的必然性。

个人账户制的以下特点和内在要求则有助于个人对人口结构变化和福利膨胀的宏观经济影响有一个明确的预期，进而通过自主或自愿行动克服待遇确定现收现付制的内在缺陷。

第一，强调自我养老责任，降低人们对政府养老保障的预期。通过引入个人账户，政府向人们发出了一个明确的预期信号：养老责任自担。人们会预期老年人平均退休收入与社会平均收入之比 θ 的决定是基于年轻时积累在生产中的贡献，而不是在现收现付制下主要通过政治博弈获得。这样在待遇确定现收现付制下，人们不愿意或故意模糊的老龄化危机就会转变为个人的切实体验，使人们考虑人口结构预期变化并将之纳入消费和储蓄决策，θ 值的变化脱离政治并与生产相联系。

第二，缴费确定和账户积累特点可以帮助人们理性决策。心理账户理论指出，人们决策使参考背景范围和时间跨度不同，并称之为定格（frame），一般分为三种方式：最小定格、局部定格和综合定格①。最小账户定格只考虑当期的两个选择的比较，综合定格要考虑终生所有选择的比较，后者只是理想情况。局部定格方式考虑的是一定时期内的各个主要选择的比较，这是人们决策的主要方式。局部定格方式意味着人们多采取适应性预期决定养老储蓄。在传统养老金制度下待遇是确定的，缴费不一定带来一对一的待遇增加，人们只比较当期缴费和消费确定效用，决策方式由局部定格转变为最小定格。但个人账户养老金的待遇由缴费及其收益决定，积累额一目了然，人们又恢复到局部定格决策，这有利于刺激人们自主缴费，而且年龄越大这种作用越大。反映在加入福利分配和老龄化因子后的稳态经济增长路径方程中，就是随着年龄的增长，个人储蓄率 s 越大，这样在个人账户制下总储蓄伴随着老龄化程度加深而增大。此外，在个人账户制下，如果个人由于短视等原因引起退休时账户积累不足，可以通过自愿延迟退休继续积累，这样就会自动减低老年人口比率 α。考虑到账户积累的可继承性和连续复利收益，延迟退休激励作用更大。因此，理论上，引入个人账户既能增加储蓄又能激励劳动供给，在一定程度上有利于通过生产发展抵消人口老龄化的不利影响。

第三，将转移支付转变为真实投资。在人口老龄化并可能制约经济增长时，包括养老金在内的经济政策必须能够刺激资本形成，也就是鼓励资源从消费转向生产领域。但在现收现付制下，个人储蓄并没有转化为生产性投资，而是通过转移支付，跳过生产领域直接变为老年人的消费资金。从 $(s-\alpha\theta)f(k)=(n+g+\delta-\alpha^*/(1-\alpha))k^*$ 式左边看，老龄化程度越高即 α 越大，个人储蓄转化为生产性投资的比例越低。当然，从上式右边看，均衡时要求的持平投资也降低，但左边是经济增长的动力，右边只是

---

① 理查德·H. 泰勒（Richard H. Thaler）：《心理会计在决策中的作用》，载《行为经济学新进展》，科林·F. 凯莫勒等主编，贺京同等译，中国人民大学出版社2009年版，第92页。

市场均衡的要求。在人口老龄化过程中，经济应该处于 $(s-\alpha\theta)\,f(k)>(n+g+\delta-\alpha^*/(1-\alpha))\,k^*$ 的不均衡状态，才能促进劳动供给进而增加产出应对危机。随着人口老龄化加深，α 增大，需要的持平投资水平也下降。但各国经验表明，通过持平投资要求下降自动解决人口危机是不存在的，现实的办法是使 $(s-\alpha\theta)\,f(k)$ 增大。而 PAYG + DB 养老金制度抑制人们储蓄意愿，s 不可能上升，个人储蓄不能真正用于投资从而使 θ 不可能下降。因此，PAYG + DB 养老金制度抑制产出增加，这进而又成为制约制度的财务可持续原因。引入个人账户制后，一方面，可以发挥微观激励机制，提高储蓄和自主延迟退休意愿，另一方面，无论是实账积累还是名义账户，都可以"锁定"旧制度受益人，从而控制福利支出规模。因此，引入个人账户可以提高储蓄转变为生产性投资的比例。理论上讲，实账积累制在隐性债务付清后，个人储蓄在宏观上就不再是转移支付资金，而是投资性资金，这比较容易理解。需要指出的是，名义账户也有类似实账积累的作用。主要原因是名义账户的微观激励机制与实账制是一样的，都可以提高制度财务可持续的物质基础——发展生产。实践中，名义账户也可以通过渐进或部分"做实"降低转移支付的比例，提高个人储蓄转化为实际投资的比率。

第四，引入个人账户可以培养有利于储蓄和延迟退休的社会环境。在建立个人账户并给予税收优惠后，有限理性的个人通过定期公布的账户信息更有可能知道他人缴费积累和投资的好处，加上金融机构或政府运营部门提供大量的宣传和培训，社会关于缴费和投资的讨论和交流会增多。这些措施不仅使个人注意评估是否为退休进行了足够的储蓄，是否需要延迟退休来增加账户积累，延迟退休是否更经济，等等，而且为个人规划资源配置和退休决策提供了良好的环境条件①。

---

① Douglas Bernheim and Antonio Rangel, "Behavioral Public Economics: Welfare and Policy Analysis with Non-Standard Decision-Makers", in Economic Institutions and Behavioral Economics, edited by Peter Diamond and Hannu Vartiainen, Princeton University Press 2007, pp. 34 – 35.

第三节　个人账户改革促进公共养老金制度
财务可持续的条件

　　从前面分析可以看出，为应对人口老龄化的客观冲击，养老金改革必须增强制度的储蓄和劳动激励才能保持制度的长期财务可持续。但养老金改革能否通过增强激励机制促进制度财务可持续还要受到诸多条件的限制。这些条件概括起来包括：稳定的宏观经济环境和良好的缴费激励措施、中观管理能力及金融市场状况和微观的计划参与者的状况。如果账户制改革设计存在问题，其激励作用不仅无法发挥，甚至可能造成严重的负激励。

一、FDC 和 NDC 账户制改革激励效应发挥的共同条件

（一）宏观经济条件和政府管理能力

　　宏观经济不稳定是任何组织形式养老金制度都面临的系统风险。政府维持宏观经济稳定和推动技术进步的能力对账户制改革激励机制的发挥至关重要。因为养老金制度财务可持续最终依靠的是效率提高和日益萎缩的工作一代产出的增加，否则，养老金储蓄的价值将被通货膨胀侵蚀，这样既无法保障老年人的收入，又降低工作一代的缴费意愿。心理账户的价值函数的特点是小损失引起的价值下降大于同样额度收益引起的价值提高，因此，政府必须给予一定的制度安排保证最低收益率并避免损失，稳定的宏观经济是保持经济增长最基本的条件，而经济增长是保证养老金制度财务可持续的物质基础。

　　政府的主管部门还必须有能力掌握足够的人口信息，并具备高效管理和监督能力，否则高额管理成本影响个人的缴费积极性，进而使制度的覆盖面扩大受限。政府管理部门还必须定期准确公布账户积累额、投资收益等信息。定期公布信息可以强化心理核

算，提醒个人及时改变缴费①。此外，政府管理部门还必须为不同偏好的个人提供精算公平的选择机制，如果此人偏爱闲暇，他可以根据公布的信息在峰顶缴费范围内增加缴费，反之，如果偏好劳动，政府管理者必须处理好其延迟退休工作收入和非缴费养老金待遇之间的关系。

（二）政府支持和优惠政策

有人将引入个人账户的改革称为"私有化"，这在产权上是完全正确的。但个人账户仍然是养老保障制度的重要支柱，服务的是保障老年人生活的公共政策目标，承担着部分公共服务的职能。因此，必须给予相应的优惠政策以激励私人部门和个人参与。最普遍的是对养老金缴费征税递延，即前端缴费从应税收入中扣除，中端积累期收益免税，只在提取养老金时收税，目前绝大多数国家都采取这一征税模式。另外，在税收制度中还必须降低延迟退休的隐形税率。许多国家规定达到法定退休年龄后，继续工作将削减领取第一支柱公共养老金的福利水平，这就相当于对延迟退休征税。引入个人账户后，必须改革税制并协调退休收入各个支柱的关系，使继续工作引起的个人账户积累边际收益超过公共养老金中的第一支柱的边际损失。这是激励达到法定退休年龄老年人继续工作的重要条件。有的国家还给予了部分担保，比如，智利1980年的养老金改革法就明确规定"政府在养老金制度中的作用将集中在为某些收益提供资金担保，为养老金制度的良性运行制定法规和进行监督指导"②。政府提供三个层次的担保：最低养老保障金；养老金投资最低回报率；养老金投资管理机构破产时个人待遇担保③。

---

① Douglas Bernheim and Antonio Rangel, "Behavioral Public Economics: Welfare and Policy Analysis with Non-Standard Decision-Makers", in Economic Institutions and Behavioral Economics, edited by Peter Diamond and Hannu Vartiainen, Princeton University Press 2007, p37.

② 胡安·阿里斯蒂亚主编：《AFP：三个字的革命——智利社会保障制度改革》，中央编译出版社2001年版，第55页。

③ Joaquin Vial Ruiz-Tagle and Francisca Castro, "Chilean Pension System", in Maintaining Prosperity in an Ageing Society, OECD 1998, p10.

（三）新旧制度的过渡时期方式

引入个人账户后，通过加强个人心理核算动力，激励劳动供给和储蓄。这种激励作用的大小与过渡方式高度相关。澳大利亚超级年金几乎采取"一刀切"的过渡方式，到1998年覆盖率超过了90%①，瑞典规定1953年以后出生的人必须加入新制度，到2005年大约93%的工人适用于新缴费基准，而意大利则按资历，即"改革时缴费年限"确定是否进入新制度，到2005年近40%的工人仍留在旧制度中②。对比可以发现，意大利的过渡期明显高于前两国，而过渡期越长就越有利于锁定旧制度受益人数，激励效应发挥得越大，反之就较小。费率结构也影响个人账户改革激励效应的发挥。

（四）社会文化和国民养老金教育状况

一个国家的社会文化传统对个人账户激励机制作用的发挥影响也很大。比如，南欧国家净储蓄率和老年劳动参与率长期低于西欧和北欧国家。几乎同时实行 NDC 改革的瑞典和意大利在劳动供给和储蓄激励效果上差异就很大。

个人账户的激励效应发挥与国民的财务素养高度相关。财务素养较低的人在心理账户核算中对长期资金的效用评价低，这是养老储蓄不足的重要原因。原则上讲，理财知识不足可以求助专家。但实际上，求助专家做养老金决策的并不多，约60%的人主要依靠亲友和个人判断，受教育较少的人实际上更倾向于依靠自己判断③。提高国民养老金知识素养有利于个人账户改革发挥作用。有学者通过实验经济研究发现，包括养老金在内的理财教育不仅能提高雇员的养老金计划参与度，而且刺激了储蓄。特别是，

---

① Hazel Bateman and John Piggott，"Australia's Mandatory Retirement Saving Policy：A View from the New Millennium"，Center For Applied Economic Research of the University of South Wales，WP（2000/04），p3.

② 霍尔茨曼和帕尔默主编，郑秉文等译：《名义账户制的理论与实践》，中国劳动社会保障出版社2009年版，第470页。

③ Douglas Bernheim，"Financial illiteracy，education and Retirement saving"，in Living with Defined Contribution pension，University of Pennsylvania Press，1998，pp. 38–68.

关于退休的研讨会显著提高了人们的资产积累，约为18%，而且收入和受教育水平越低，效果越大①。因此，通过宣传教育，提高国民养老金知识素养对个人账户激励效应的发挥影响很大。

二、FDC 账户制改革激励效应发挥的条件

对 FDC 个人账户制度，缴费积累资金需要几十年的保值增值之后才作为养老金发放。因此，需要发展良好的金融市场以支持养老基金的保值增值和分散风险。从金融工具看，对养老金这样的长期资金来说，权益类资产尤为重要，同时，养老金又是退休收入的重要保障，还必须有足够规模的短期金融工具满足流动性需要。从机构上看，必须有足够数量的高效率的受托人、托管人、投资管理人。政府监管部门还必须对私人投资公司的投资方式和资产配置进行指导和监管，保证市场适度竞争和规模的平衡，控制投资风险和管理成本。总之，金融市场的结构和效率对积累收益和成本影响巨大，这会间接影响到其储蓄和劳动供给激励效应的发挥。

对 FDC 个人账户制度，管理部门需要设计有效的投资组合选择。有证据表明，默认选择会提高自愿性个人账户的参与率、缴费率以及投资组合，因为默认组合能有效降低交易成本②。瑞典个人账户的积累部分和澳大利亚的超级年金都提供默认选择就是借鉴了自愿性个人账户的经验。

三、NDC 账户制改革激励效应发挥的条件

NDC 个人账户制度对金融市场的要求相对较低，养老金待遇取决于缴费记账积累和内部收益率。这就要求政府管理机构能够制定出具有吸引力的指数化规则，包括缴费期间记账收益率和福

---

① Olivia S. Mitchell and Stephen P. Utkus, "Pension Design and Structure: New Lessons from Behavioral Finance", Oxford University Press 2004, p168.

② 彼得·戴蒙德和汉努·瓦蒂艾宁编著，贺京同等译：《行为经济学及其应用》，中国人民大学出版社 2010 年版，第 25 页。

利领取期间的指数化方式。在引入 NDC 制度的几个国家中,在缴费阶段记账利率确定方面,意大利采取五年 GDP 移动平均,瑞典以平均工资增长和老龄化因素为基础(一种自动平衡机制),其他国家则以工资增长为基础。在养老金发放阶段,采取与物价指数挂钩的方式,瑞典和波兰则采取物价和工资增长结合的指数化方式①。

从个人角度看,NDC 个人账户是通过缴费积累和资金的投资收益实现自我退休收入保障,这和 FDC 个人账户没有本质区别。但从政府角度看,NDC 个人账户仍然是 PAYG 公共养老金制度的一部分,为提高制度的激励作用,必须保证与 FDC 制度相近的收益率,其主要措施就是设置合理的指数化规则,特别是在缴费积累阶段。如果指数化规则导致福利过于慷慨,财务压力依然存在,而且由于保留了 PAYG 资金运行方式,政府仍然要提供担保,这种财务压力仍然会转换为财政压力。如果指数化规则不合理导致个人缴费收益长期低于市场收益,引入个人账户理论上的激励机制基础就会削弱,起不到提高财务可持续能力的作用。

第四节 小 结

传统的 PAYG + DB 公共养老金制度面临财务不可持续挑战。客观原因是人口老龄化和经济增长停滞,主观原因是福利膨胀。本章对个人账户潜在的克服 PAYG + DB 制度财务不可持续的理论基础进行梳理,得出如下结论:

第一,从融资和待遇计发方式的差异看,PAYG 较基金制国家承担的风险多;相较 DB 型养老金,DC 制使缴费和待遇联系紧密,个人激励作用大,因此,目前的公共养老金制度理论上应对财务

---

① John Piggott and Renuka Sane, "Indexing Pensions", The World Bank Social Protection Discussion Papers No. 0925, December 2009, p9.

不可持续挑战的能力排序是 FDC > NDC > PAYG + DB。

第二，个人账户制度在将养老责任和风险向个人转移的同时，也可以将养老金储蓄和退休决策的权力向个人部分回归。劳动者作为理性的经济人，在个人账户制度下在追求效用最大化的过程中，能部分克服 PAYG + DB 制度对个人行为的扭曲，内生地促进储蓄和自主延迟退休，从而抵消人口老龄化的影响。而个人账户的精算中性、微观积累性和明确的私人产权等属性又具有内在的抑制福利支出膨胀的作用。

第三，个人账户较 PAYG + DB 制度有较强维持财务可持续的能力的原因是其良好的微观激励机制符合个人的心理核算规律，宏观上能强化人们对老龄化的预期并内化为个人行为。

第四，公共养老金个人账户制改革理论上讲具有潜在的促进财务可持续的作用，但实际发挥却受到一些先决条件的限制。此外，FDC 和 NDC 个人账户在微观激励机制上是类似的，但宏观融资方式存在差异，因此，两类账户发挥激励个人储蓄和延迟退休作用进而提高公共养老金制度财务可持续的条件既有较多的共性，也有很大的差异。后面三章将把这些限制条件纳入实证研究中，量化分析其对个人账户作用的影响。

第四章　个人账户改革对公共养老金制度财务可持续的作用——分组实证研究

从理论上看，个人账户将养老储蓄和退休决策部分回归个人，激励约束机制比待遇确定制度更容易传导给个人。而且，个人账户具有完全的私人产权和可继承性，更符合心理账户核算法则，因此，有利于促使个人意识到客观人口结构的变化并做出行为上的改变，提高收入中养老储蓄的份额或推迟退休延长积累期。但有的学者认为，在 PAYG + DB 制度基础上进行参量式改革，如提高法定退休年龄、在缴费和福利待遇中加入预期老龄化因子等，也能起到引入个人账户类似的作用。本章拟将 OECD 国家以养老金改革方式为标准，划分为参量式改革、FDC 和 NDC 三组，用描述统计和计量经济的方法，比较账户制改革的储蓄和中老年劳动激励效应。

第一节　模式分组研究逻辑及案例国家公共养老金制度财政可持续能力比较

一、实证研究框架

从养老金制度财务收支恒等式可以看出，任何养老金制度在宏观经济层面都是老年人凭借一定的资产积累或权益凭证参与当期产出的分配。在人口老龄化情况下，必须通过自主储蓄和产出增加才能实现制度财务的可持续。理论上，在公共养老金账户制改革将养老储蓄和退休决策回归个人并且个人账户具有完全的私人产权和可继承性更符合心理账户核算法则，激励约束机制比待遇确定制度更容易传导给个人；公共养老金建立个人账户同时将养老责任从国家和政府转向个人，有利于促使个人意识到客观人口结构变化的并做出行为上的改变。其作用机制如图4-1所示。

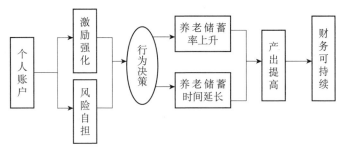

图4-1 个人账户促进财务可持续的传导机制

基于个人账户理论上的强化个人激励和养老责任下移特点，本书提出以下待验证命题：

第一，公共养老金账户制改革一定程度上改变了个人的养老决策行为。改革引起的个人养老金相关行为变化有两个：提高养老金储蓄率和延长养老储蓄时间（即自主推迟退休延长积累期）。个人决策行为变化反映在宏观上就是强制性缴费不会挤出自主储蓄，改革后净储蓄增加和自主延迟退休人口比率的上升，然后通过促进产出增加抵消人口老龄化的不利作用，在保证缴费率和待遇水平基本不变条件下实现财务可持续。因此，本书认为，如果上述两个宏观指标在改革后得到绝对的改善或与仍实行 PAYG + DB 公共养老金制度国家比相对改善，就表明账户制改革促进了整个养老金制度的财务可持续，反之亦反。

第二，引入 NDC 个人账户后公共养老金财务可持续能力优于 PAYG + DB 制度，但比 FDC 制度稍差。理论上讲，NDC 和 FDC 制度对个人养老储蓄和退休决策是一样的，但这是建立在个人完全相信政府能够担保 NDC 积累及记账收益与 FDC 制度一致的基础上的。在人口老龄化继续加深和政府养老金政策仍然受到较多政治干预情况下，这一假设不尽符合现实。另外，还有两个原因：NDC 积累记账收益根据经济增长率或工资增长率制定，一般情况下，低于市场收益率使其激励作用可能比 FDC 制度低，NDC 制度保留了 PAYG 的融资方式，这使个人积累通过转移支付成为老年人的消费基金而不能转化为资本形成。

在人口老龄化条件下，养老金改革只有促进产出提高才能保持制度的财务可持续。从生产函数可以看出，产出增长的因素可以分解为技术进步（包括制度变革）、储蓄增加和劳动人口比重的提高。技术进步在经济发展中的作用最为重要，但与养老金制度改革联系较少，养老金改革直接影响的是储蓄和劳动参与。本书将净储蓄和 55~64 岁及 65 岁以上人口的劳动参与率作为衡量养老金改革是否促进制度财务可持续能力的指标。

引起养老金制度财务可持续性能力变化的因素很多，不仅仅由其本身的改革引起。下面两节分别构建计量经济学模型，将包括引入个人账户在内的所有因素纳入自主储蓄和劳动—退休决策方程，在控制其他变量的条件下，定量研究引入实账积累（DC 或 DB）和 NDC 个人账户国家与照国家组的差异。需要控制的其他变量包括宏观经济状况、劳动力市场状况和就业文化等。用于反映账户制改革的变量用虚拟变量反映，引入个人账户前为 0，改革立法通过当年为 1，以后逐年加 1，没有引入个人账户的国家为 0，其回归系数的显著性及大小可以反映改革对财务可持续能力的影响。

需要特别指出的是，从个人的角度看，这两个指标是反向运动的，即储蓄提高就会降低工作的时间，最起码会降低个人延迟退休的激励，但从宏观财务角度看，由于要素边际收益递减，账户制改革必须同时激励净储蓄和 55~64 岁及 65 岁以上人口的劳动参与率的提高才意味着财务可持续能力增强。

二、案例国家分组状况及其公共养老金财政支出负担变动

(一) 案例国家分组

1981 年智利建立强制个人养老金账户开创了养老保障账户改革的先河，此后养老金账户制改革逐渐增多。2007 年，30 个OECD 国家中只有冰岛和新西兰没有建立强制积累的第二层次养老金[①]。

本章将剩余的国家分为第三组，并用 2000 年前引入账户制改革的国家作为研究对象。第一，参照国家组，指有公共管理的 DB 型第二层次储蓄养老金但没有建立强制性个人账户的国家，共 10 个国家属于该组。本书选取数据比较全面的奥地利、比利时、加拿大、芬兰、日本和葡萄牙作为案例。需要指出的是，英国和美国也属于该类国家，两国私人管理的自愿性养老金账户非常发达，起到了其他国家引入强制性个人账户的作用，例如，1994 年，两国的私人养老金资产占 GDP 的比重分别高达 69% 和 65%[②]，因此从参照组中排除。第二，引入私人管理的实账积累账户国家组，包括澳大利亚等 4 个 DC 型个人账户国家和荷兰等 3 个 DB 型个人账户国家。本书选取数据比较全面且具有代表性的澳大利亚、丹麦、墨西哥和荷兰为案例。第三，引入名义账户国家组。该类国家仍主要依靠公共管理的养老金制度，只是改变原有制度的 DB 属性，包括瑞典等 3 个引入 NDC 的国家和法国积分制改革国家。有两点需要特别说明：由于运作机制很相似，本书将积分制视为名义账户制；德国是典型的积分制改革国家，但积分制是 2004 年才正式引入[③]，斯洛伐克和挪威改革也在 2000 年后实行，因此也从

[①] OECD, "Pensions at a Glance 2009: Retirement-Income Systems in OECD Countries", 2009, p13.

[②] Richard Kohl and Paul O'Brien, "The Macroeconomics of Aging, Pensions and Savings: a Survey", Economics Department Working Papers No. 200, 1998, p10.

[③] 阿克塞尔·H. 波尔施-苏潘，克里斯蒂娜·H. 威尔克：《德国公共养老金制度：怎样成为一个类似的名义账户制度》，载罗伯特·霍尔茨曼，爱德华·帕尔默主编，郑秉文等译：《名义账户的理论与实践》，中国劳动社会保障出版社 2009 年版，第 527 页。

名义账户组国家排除。本书研究的 13 个 OECD 国家的分组及个人
账户改革时间情况见表 4 - 1。

表 4 - 1　　案例国家国家第二层次养老金制度安排及改革时间

参照组		强制积累但无个人账户	比较组	强制积累个人账户		改革年份
		公共管理		公共管理	私人管理	
参照国家	奥地利	DB	实账积累账户改革国家	澳大利亚		DC	1992
	比利时	DB		丹麦		DC	1990
	加拿大	DB		墨西哥		DC	1997
	芬兰	DB		荷兰		DB	1996
	日本	DB	名义账户改革国家	法国	DB + 积分制		1972
	西班牙	DB		瑞典	NDC	DC	1995
				意大利	NDC		1995

资料来源：OECD，"Pensions at a Glance 2009：Retirement-Income Systems in OECD Countries"，2009，p20.

（二）案例国家公共养老金财政支出负担变动

财政压力是包括引入个人账户在内的所有公共养老金改革的
导火线和第一驱动力。因此，公共养老金财政支出负担是否得到
控制是衡量短期财务可持续能力的基本指标。从 1994 年世界银行
发布《防止老龄危机》以来，全世界绝大多数国家都对原有公共
养老金制度进行了改革。总体上看，改革后福利支出膨胀得到了
控制。例如，1980～1995 年，OECD 国家公共养老金支出占 GDP
的比重平均上升了 1.17%，而 1995～2007 年仅上升了 0.014%①。

从不同改革模式看，私有化程度最高的 FDC 个人账户国家改
革效果最好，而 NDC 改革国家没有表现出比参照国家的优势。除
墨西哥外，FDC 个人账户改革国家公共养老金支出在原本较低的
水平上进一步降低。1995～2007 年，荷兰、丹麦和澳大利亚公共
养老金支出占 GDP 的比重分别下降了 0.18%、0.66% 和 0.57%，
总水平都下降到 6% 以下；墨西哥虽然有所上升，但总水平很低。
NDC 改革国家差异很大，1995～2007 年，瑞典公共养老金支出占

① OECD. StatExtacts，http：//stats. oecd. org/Index. aspx？ DataSetCode = SOCX _ AGG.

GDP 的比重下降了 0.81%，法国上升了 0.34%，而意大利改革后却大幅上升了 2.37%，2007 年高达 11.37%，为 OECD 国家之最。参照国家大多数也对公共养老金制度进行了参量式改革，公共支出膨胀也得到抑制，日本是唯一例外，其公共养老金福利水平是OECD 中最低的国家之一，但总支出占 GDP 的比重自 1980 年以来不断上升，这与日本 65 岁及以上老年赡养比其他国家更高有关。1992 年，日本与其他发达国家的 65 岁及以上老年赡养比相差无几，到 2007 年则比其他国家高 3%~13%（见图 4-2）。

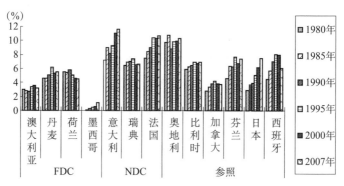

图 4-2 1980~2007 年案例国家公共养老金支出占 GDP 的比重

资料来源：OECD. StatExtacts，http：//stats. oecd. org/Index. aspx？DataSetCode = SOCX_ AGG.

需要指出的是，案例国家公共支出负担下降的主要原因是改革降低了替代率水平。按照 OECD 的测算，其 16 个成员国男性养老金待遇的平均替代率在改后平均下降了 20%。其中，NDC 改革的国家中，法国从 64.7% 下降到 51.2%，意大利从 90% 下降到67.9%，瑞典从 78.9% 下降到 62.1%。FDC 改革的国家中，墨西哥从 72.5% 下降到 35.8%[1]。

虽然公共养老金的替代率下降在一定程度上可以提高制度短期的财政可持续性，但并不意味着制度长期财务可持续能力一定

---

[1] Whitehouse, Edward and Queisser, Monika, "Pensions at a glance：public policies across OECD countries", MPRA Paper No. 16349, May 2007, p66.

提高。养老金替代率过高固然影响制度财务可持续目标，但过低则影响制度的充足性目标，仅仅通过降低替代率来保持制度财务可持续，不仅在政治上不可行，而且也不可能真正实现制度财务的长期可持续。简单的养老金经济学表明，在人口老龄化条件下，产出增加是实现制度财务可持续的基础。传统的 PAGY + DB 制度由于对挤出私人储蓄、扭曲劳动市场影响产出增加。理论上，个人账户制有更强的激励约束机制，有利于促进个人自主储蓄和延迟退休，从而为产出增加提供必要条件，实现制度长期财务可持续。因此，下面两节将用计量经济验证个人账户改革是否发挥了理论上潜在的激励作用。

第二节　个人养老金账户制改革的自主储蓄
激励效应实证研究

一、文献回顾

生命周期模型是研究经济与老龄化、储蓄与消费行为的基本框架。萨缪尔森在 1958 年的研究证明在没有资本存量的前提下，如果生物回报率大于市场利率，现收现付制在长期运作中仍然是有成本优势和较高收益率的[①]。艾伦在 1966 年进一步提出了现收现付制养老金制度实现帕累托改进的所谓"艾伦条件"（Aaron condition），即人口增长率加实际工资增长率大于市场利率。艾伦的结论是在工资增长和利率外生条件下得出的，因此又被称为小型经济体模型[②]。1975 年，萨缪尔森证明：由于个人短视，公共储

---

① Samuelson, P., "An Exact Consumption-Loan Model of Interest with or without the Social Contrivance of Money", Journal of Political Economy, Vol. 66, No. 6, December 1958, pp. 467 – 482.

② Aaron, H., "The Social Insurance Paradox", The Canadian Journal of Economics and Political Science, Vol. 32, No. 3, August 1966, pp. 371 – 374.

蓄对私人储蓄的挤出，在工资增长和利率都是内生条件下，强制性现收现付养老金制度能使经济体达到黄金资本存量，从而实现帕累托最优，这样"艾伦条件"就扩展到所有经济体①。

20 世纪 70 年代中后期，西方经济陷入滞胀，现收现付制公共养老金制度导致财政支出急剧膨胀及其引起的巨大的经济和社会压力受到学界的广泛关注。这一时期争论的焦点是现收现付制和基金制比较。弗里德曼是较早关注到现收现付的社会保障制度对个人储蓄行为的影响的经济学家之一，他的观点得到当时一些学者的赞同。他们认为，政府提供的社会保障解决了绝大多数人退休收入的后顾之忧，会显著降低人们工作期对储蓄的需求②。菲尔德斯坦认为，现收现付养老金对储蓄的影响取决于资产替代效应和诱致退休效应的对比。资产替代效应指现收现付公共养老金制度为人们提供了一定的退休收入，这可能抑制个人为退休后消费而在工作时积累资产的需求。诱致退休效应指现收现付养老金计划可能诱导人们提前退休，这意味着工作时间的减少和退休时间的延长，这反过来要求工作期间要有一个较高的储蓄率。如果资产替代效应大于诱致退休效应，养老金制度会降低个人储蓄，进而降低国民储蓄，反之，提高个人及国民储蓄。因此，从理论上看，养老金制度对储蓄的影响并不明确。为此，菲尔德斯坦以生命周期模型为基础，运用美国 1929 ~ 1971 年（不包括 1941 ~ 1946 年）和 1947 ~ 1971 年两个时期的数据估计美国的社会保障制度减少了 30% ~ 50% 的个人储蓄③。柯特利科夫的实证研究也得出了现收现付制不利于经济增长的结论④。但巴罗等经济学家对菲尔德斯坦的实证结果提出了质疑，他们认为，在加入遗产动机后，社会

---

① Samuelson, P., "Optimum Social Security in a Life-Cycle Growth Model", International Economic Review, October 1975, Vol. 16, No. 3, pp. 539 – 544.

② 别朝辉：《社会保障与经济增长：一个文献综述》，载《上海经济研究》2004 年第 4 期，第 6 页。

③ Martin Feldstein, "Social security, induced retirement and aggregate capital accumulation", Journal of Political Economy, Vol. 82, 1974, pp. 905 – 925.

④ Kotlikoff, L. J., "Testing the theory of social security and life cycle accumulation", The American Economic Review, Vol. 69 (3), June 1979, pp. 396 – 410.

保障类似于政府债券，存在"李嘉图等价"，因此对养老储蓄等变量没有影响，也就是说，社会保障是中性的[①]。总体来看，20世纪80年代以前的研究主要是PYAG和基金制融资的效率，对传统公共养老金制度的DB待遇确定方式的扭曲作用研究较少。

20世纪80~90年代，由于人口老龄化、福利膨胀和经济危机的影响，公共养老金制度的财务可持续性危机更加严重，学界研究也随着改革实践发生变化，对待遇确定方式的研究增多。首先出现的是预筹资的实账积累账户，即FDC个人账户，该制度既改变了融资方式，又将福利待遇确定由DB转向DC。有学者认为，FDC个人账户改革有利于激励个人自主储蓄，有助于养老金制度免遭人口结构变化带来冲击[②]。但有人对此提出异议，奥尔扎格和斯蒂格利茨认为，FDC个人账户制不一定能促进个人储蓄增加、激励劳动参与。他们引入了"狭义储蓄"和"广义储蓄"的概念，指出强制个人账户制能增加个人的储蓄，即狭义储蓄，但不一定能增加"广义储蓄"，即经济学意义上能转化为投资的储蓄[③]。艾伦咨询集团对澳大利亚超级年金在储蓄中的作用进行实证研究，结果表明，尽管当年总储蓄率仍然是下降的，但超级年金使下降率减少了1.5%~2%[④]。1995年以后，瑞典等国家提出NDC个人账户制，该制度保留了PYAG的融资方式，但将福利待遇确定由DB转向DC，其个人激励作用和FDC个人账户理论上一样，但对宏观净储蓄没有影响。但也有学者认为，NDC个人账户制在一定条件下对宏观净储蓄产生作用。名义账户对个人储蓄的影响取决于强制性养老金规模、预期回报率引致的变化和退休年龄引致的

① Barro, R. J. (1974), "Are Government Bonds Net Wealth?", Journal of Political Economy 82 (6), 1095 – 1117.

② James, Estelle. 1998. "New Models for Old-Age Security: Experiments, Evidence, and Unanswered Questions," The World Bank Research Observer, Vol. 13, 271 – 301.

③ Peter R. Orszag and Joseph E. Stiglitz, "Rethinking Pension Reform: Ten Myths about Social Security Systems, Presented at the World Bank Conference," New Ideas about Old Age Security, September 14 – 15, 1999, p9.

④ The Allen Consulting Group, Australia's National Saving Revisited: Where do we stand now? Report to Investment & Financial Services Association, August 2007, p16.

变化。在其他条件相同的情况下，如果名义账户预期回报率低，就会激励其他形式的储蓄增加，如果缴费期更长，储蓄率就会下降①。

面对 PAYG + DB 公共养老金制度的财务可持续危机，还有学者从宏观经济环境角度提出了对策。巴尔提出了"产出中心性"概念，并以养老金制度财务平衡恒等式为分析基础，证明了增加产出的重要性，但巴尔更强调政府效率和私人部门的先决条件在维持养老金制度财务可持续中的作用，认为现收现付制和实账积累只是一种融资方式的差异，其作用是次要的，DB 和 DC 的激励作用也受到政府和私人部门先决条件的限制②。因此，个人账户制改革不一定能提高净储蓄进而促进制度财务可持续。巴尔的理论阐述了维持养老金制度财务平衡和可持续的宏观经济实质，但忽略了 DB 和 DC 待遇确定方式的微观激励机制差异及其对宏观财务可持续的作用。

理论上，个人账户较现收现付制有更大的激励效应和预期强化效应，且扭曲作用小，有利于通过生产效率提升消除人口结构变化对财务可持续的冲击。引入个人账户是否一定能促进财务可持续性存在激烈的争论的主要原因是其作用具有两重性。表现一，个人账户的私有产权性质及市场化运作方式有利于提高养老储蓄的收益率，但潜在的市场投资风险又对储蓄有抑制作用；表现二，在产权私有情况下，人们更加重视人口老龄化对后代的影响，对老龄化等冲击的感知由抽象变为具体，无论是出于对未来不确定的预防还是利他主义的遗产动机，私有的个人账户都比"公有"DB 养老金制度有利于发挥个人主动应对的积极性，但是市场化投资风险及政府可能给予的低记账利率又会抑制这种积极性。因此，考虑到上述两重性及各种现实的约束，个人账户潜在的激励机制

---

① 大卫·林德曼等：《中低收入国家的名义账户养老金计划》，载霍尔茨曼和帕尔默主编，郑秉文等译：《名义账户制的理论与实践》，中国劳动社会保障出版社 2009 年版，第 280 页。

② 尼古拉斯·巴尔：《养老金改革：谬误、真理与政策选择》，载《保险与社会保障》第一辑，郑秉文等主编，中国劳动社会保障出版社 2006 年版，第 53 – 61 页。

是否真正提高了制度的财务可持续，尚需要建立实证模型量化研究加以验证，本节首先验证个人账户改革对净储蓄的作用。

二、案例国家净储蓄率变动状况

1994 年以来，案例国家储蓄状况总体有所好转。1994 年，净储蓄率超过 10% 的只有比利时、日本和荷兰 3 国，而不足 5% 国家则有加拿大、芬兰、澳大利亚和丹麦 4 国；2007 年，7 个国家的净储蓄率在 10% 以上，不足 5% 的国家只有意大利。

从 20 世纪 90 年代中期以来案例国家情况看，净储蓄率的变化与养老金账户制改革的相关性并不高。没有引入个人账户的参照国家中，奥地利、加拿大和芬兰有较大幅度的提高，比利时比较稳定，西班牙和日本下降较大。特别是日本从一个高储蓄国家变为低储蓄国家，其净储蓄率从 1994 年的 12.19% 下降到 2008 年的 3.56%。FDC 账户改革的国家中，澳大利亚、丹麦和墨西哥的净储蓄率有较大的提高，荷兰虽然没有大幅提高，但其储蓄率在此期间一直保持在 10% 以上的高位上。NDC 个人账户改革国家差别很大，法国在 2000 年前有所提高，此后趋于下降，总体变化不大，瑞典的储蓄率大幅提高，2008 年高达 16.34%，比 1994 年提高 10%，意大利虽然引入了 NDC 个人账户，但进出效率较改革前下降 3% 以上，是储蓄率最低的国家之一（见表 4 - 2）。

表 4 - 2　1994 ~ 2008 年部分 OECD 国家的净储蓄率（净储蓄/GDP）

单位:%

年份	参照国家组						FDC 账户改革国家组				NDC 账户改革国家组		
	奥地利	比利时	加拿大	芬兰	西班牙	日本	澳大利亚	丹麦	荷兰	墨西哥	法国	瑞典	意大利
1994	7.02	11.52	3.29	-0.25	6.38	12.19	4.08	3.71	11.03	7.95	6.08	6.16	5.27
1995	7.40	11.02	5.35	5.08	8.67	11.05	4.43	4.92	12.38	10.97	6.77	9.67	7.53
1996	7.26	9.51	5.59	4.18	8.39	10.99	5.78	4.92	11.93	16.26	6.37	9.10	7.85
1997	7.63	10.68	6.42	7.97	9.01	11.04	5.72	5.70	13.69	19.32	7.68	9.34	7.76
1998	8.20	10.58	5.71	9.33	9.47	9.36	4.87	4.83	10.77	14.24	8.93	9.95	7.04

年份	参照国家组						FDC 账户改革国家组				NDC 账户改革国家组		
	奥地利	比利时	加拿大	芬兰	西班牙	日本	澳大利亚	丹麦	荷兰	墨西哥	法国	瑞典	意大利
1999	8.04	11.10	7.54	10.83	9.25	7.80	5.69	5.67	12.51	14.79	9.63	10.11	6.49
2000	8.47	11.51	10.79	12.98	8.61	7.80	4.85	6.79	13.73	15.46	9.19	10.61	5.92
2001	7.54	10.09	8.88	13.35	8.27	5.63	5.80	7.44	11.99	11.50	8.64	10.02	6.19
2002	9.28	9.89	7.66	12.36	8.81	4.92	5.39	6.65	10.83	12.28	7.04	9.34	5.83
2003	8.90	9.43	8.04	9.14	8.95	4.57	6.17	6.58	10.45	12.84	6.27	11.27	4.70
2004	9.46	9.75	9.98	10.93	7.53	4.71	5.45	7.02	12.60	15.20	6.05	11.32	5.09
2005	9.30	9.39	11.03	9.70	6.76	6.03	6.88	7.28	11.75	14.88	5.47	12.39	4.01
2006	10.41	9.79	11.73	10.48	6.40	5.95	7.16	9.93	14.48	16.95	6.01	14.30	4.02
2007	12.03	10.65	10.88	11.75	6.49	6.49	7.81	8.52	14.49	16.08	6.67	16.57	4.38
2008	11.57	8.58	10.40	9.27	3.25	3.56	7.86	7.69	11.29	16.37	5.51	16.34	1.78

资料来源：OECD, National Acount 2010, http：//stats. oecd. org/Index. aspx? Data-SetCode = SOCX_ AGG.

虽然净储蓄率变化不一定由养老金改革引起，但其高低无疑是反映制度财务可持续能力的基础和重要现实指标之一。表4-3是对三组国家1994～2008年总体净储蓄差异的统计假设检验结果。参照国家组、FDC 账户改革国家组和 NDC 账户改革国家组15年的平均储蓄率分别为8.5%、9.8%和7.9%。从统计意义上看，FDC 账户改革国家平均净储蓄率显著高于参照国家，NDC 账户改革国家则略低于参照国家，但没有通过置信度5%的 t 检验。

表4-3 三组国家净储蓄率比较统计检验结果

组别	均值（%）	标准差	T 检验值	结论
参照国家组	8.485333			
FF 账户改革国家组	9.776667	1.761535	2.598757	显著高与参照组国家
NDC 账户改革国家组	7.925778	1.951927	-1.32649	与参照祝国家差异不显著

资料来源：OECD. StatExtacts, http：//stats. oecd. org/Index. aspx? DataSetCode = SOCX_ AGG.

单纯的储蓄率高低并不能反映养老金制度的财务可持续性，老龄化程度较低则需要的储蓄率也就相应较低，反之亦反。因此，必须结合该国的老龄化程度才能反映储蓄能否应对人口结构变化的冲击。为此，本书构造了"养老金制度财务可持续净储蓄率"概念。假设 65 岁及以上老年人必要的退休收入替代率为 60%，储蓄只用于养老，那么净储蓄率应该大于 60% 与 65 岁及以上人口的比例制度财务才可持续。这是一个简单再生产标准，没有考虑到在 21 世纪 30 年代以前人口老龄化程度还会进一步加深的现实。即使按照这一较低的标准，2007 年，案例国家中尚有 6 个不满足。满足养老金制度财务可持续储蓄率条件国家中，引入个人账户的有 3 个国家，参照国家有 4 个（见表 4 - 3）。

表 4 - 4　　2007 年满足养老金制度财务可持续储蓄率的 OECD 国家

单位:%

指标	奥地利	比利时	加拿大	芬兰	荷兰	墨西哥	瑞典
净储蓄率	12.03	10.65	10.88	11.75	14.49	16.08	17
65 岁及以上人口比例	17	17.1	13.4	16.5	14.6	5.5	17
65 岁及以上人口比例×60%	10.2	10.3	8.04	9.9	8.76	3.3	10

资料来源：OECD. StatExtacts, http：//stats. oecd. org/Index. aspx? DataSetCode = SOCX_ AGG；OECD, "Labour Force Statistics1987 - 2007", OECD 2008, p15.

保持养老金待遇稳定和制度财务可持续是建立在未来经济产出增长的基础上的，储蓄率提高是产出增长的必要条件之一，所以净储蓄率变化是反映养老金制度长期财务可持续能力变化的重要指标。但是，不能反过来，完全根据净储蓄率的变化评价账户制改革的成效。因为储蓄决定的因素很多，养老金只是其中一个方面。养老金改革只是净储蓄变化的一个原因且不是决定性的。因此，需要进一步构建计量经济模型，控制影响净储蓄的其他因素，分离出强制引入个人账户对净储蓄进而对养老金制度财务可持续能力的影响。

三、个人账户制改革的储蓄激励效应计量实证分析

（一）包含个人账户制改革变量的储蓄决定方程

储蓄是个人决定当期收入有多大比重用于未来消费。永久收入理论将储蓄作为财产收入和劳动收入的函数：

$$S_t = \gamma(A_t + W_t) \tag{4-1}$$

其中，γ 为边际储蓄倾向，S_t、A_t 和 W_t 分别表示储蓄率、财产收入和劳动收入。在较强流动性约束条件下，$0 \leqslant \gamma < 1$，而当流动性约束较弱时，则有可能长期为负。

上式假设的财产收入和劳动收入同边际储蓄倾向不符合实际。按照心理账户理论和对事实的观察，放入资产心理账户的财产性收入比流动性的劳动收入边际储蓄倾向高[1]。因此，需要将两类收入加以区分，并将方程两边除以可支配收入（y_t）变为相对形式。这样方程（4 - 1）就变为：

$$S_t/y_t = \alpha_0 + \alpha_1(A_t/y_t) + \alpha_2(W_t/y_t) \qquad (4-2)$$

式（4 - 2）刻画的是微观个人储蓄行为，要用于宏观分析还要加入以下变量才接近现实。这些变量包括：人口结构变动变量、宏观经济变量和国别储蓄偏好差异。随着人口老龄化程度加深和福利国家的兴起，公共养老金支出占 GDP 比重不断提高，许多学者都将养老金制度变量纳入储蓄决定模型。本书在费尔德斯坦和卡洛尔的储蓄决定模型的基础上加入个人账户改革变量，构建如下模型[2]：

$$s_t = \alpha_0 + \alpha_1(\bar{A}_t/y_t) + \alpha_2(\bar{W}_t/y_t) + \alpha_3 ol + \alpha_4 yo_t + \alpha_5 un + \alpha_6 in_t$$
$$+ \alpha_7 r_t + \alpha_8 ptr_t + \alpha_9(FDC) + \alpha_{10}(NDC) + \varepsilon \qquad (4-3)$$

被解释变量 s_t 代表净储蓄率，即净储蓄占 GDP 的比重，$\bar{A}_t$ 和 $\bar{W}_t$ 分别是社会人均资产和工资。上式中，解释变量除了财产收入和劳动收入外还增加了上述四类变量。

人口结构变动变量。用老年抚养比（ol）和儿童抚养比（yo）表示[3]。传统生命周期及其动态化的世代交叠模型都假设人口结构

① Thaler R., "Anomalies: Saving, Fungibility, and Mental Accounts", The Journal of Economic Perspectives, Vol. 4, No. 1 (Winter, 1990), pp. 193 - 205.

② Feldstein, Martin S. "Induced Retirement and Aggregate Capital Accumulation." Journal of Political Economy, September 1974, 82 (5) pp. 905 - 925; Carroll, C. D. (1992), "The Buffer-Stock Theory of Saving: Some Macroeconomic Evidence", Brookings Papers on Economic Activity, 2, pp. 61 - 156.

③ 人口统计学通常将人口分为：儿童（0~14 岁）、成年人（15~64 岁）和老年人（65 岁及以上）三组。儿童人口与成年人口比值称为儿童抚养比，老年人口与成年人口比值称为老年抚养比。

不变。但随着人口老龄化的加剧，人口结构变化成为储蓄决定的重要因素。因为不同年龄阶段人口的比重影响总储蓄和消费的分配。一般情况下，成年人口特别是临近法定退休年龄人口比重越高，储蓄率越高；老年人口和未成年人赡养比越高，储蓄率越低。

宏观经济因素。包括利率（r）、失业率（un）、通货膨胀率（in）等。人们的养老金缴费在心理账户核算中以证券收益率为基础，而债券收益与利率负相关。因此，利率越高，养老金缴费的储蓄挤出效应越大。人们对失业风险基本都是风险厌恶型的，失业率上升会引起在职个人增加储蓄，但失业增加本身就伴随着净储蓄的人数减少，因此，失业率变动对净储蓄的影响取决于两者的对比。通货膨胀对国民净储蓄的影响取决于社会平均风险厌恶程度。通货膨胀侵蚀资产的实际收益，因此，会引起风险厌恶的人为保证资产积累的实际价值而增加储蓄，但风险中性者则会减少储蓄增加消费。

国民自发储蓄倾向因素。这与文化特征密切相关，南欧拉丁文化国家和说英语国家的储蓄率明显低于西欧和北欧国家。由于文化因素难以量化，但长期相对差异是比较稳定的，本书将通过分解式（4-3）中的常数项来控制各国自发储蓄倾向的差异。

公共养老金制度因素。这是检验账户制改革是否促进自主储蓄的关键。本书将个人账户改革以虚拟堆积变量的形式纳入储蓄决定方程。在某一年后引入某一类个人账户记为1，以后每年递增，改革前的年份记为0，没有引入个人账户的国家全部记为0。如果式（4-3）中实账积累个人账户（FDC）和名义账户（NDC）的回归结果系数不显著，表明改革的储蓄激励效果不明显，引入个人账户没有改变个人储蓄决定行为；如果回归系数显著，其回归系数的符号和大小反映了改革的储蓄激励效果。另外，账户制改革后各国都保留了再分配性质的第一层次公共养老金，这是个人账户的替代品，模型中用公共养老金转移支付（ptr）来表示。第一层次养老金制度福利待遇越慷慨，人们预防性储蓄动机越低，引入个人账户的激励作用越小。

（二）数据来源、数据说明及实证模型设定

本部分实证研究数据都来源于 OECD. StatExtacts 在线数据库和《劳动力统计（1989－2009）》。世界银行在 1994 年发布了《转变老龄危机》，推动了公共养老金制度的改革，大多数国家的个人账户制是在此后引入或继续改革的，因此本书的数据跨度为 1995～2008 年。研究所用经济变量数据库都以美元形式给出，通货膨胀率以 2005 年为基期指数化。案例国家中法国比较特殊，其类似于名义账户制的"积分制"，覆盖范围内只有公共部门雇员和私人部门管理人员，但其制度财务持续压力也主要来自这两个部门，因此也将其归入 NDC 改革国家，但其改革在 1972 年已经开始，为保持与其他国家数据的一致性，在 NDC 虚拟变量赋值时也将 1995 年设为 1，其后每年递增 1。

本书以方程（4－3）为基础进行面板数据分析。考虑到储蓄行为的序列自相关，首先将模型动态化。宏观经济变量中的利率、失业率和通货膨胀率有较强的相关性，并不需要全部纳入模型。考虑到数据库中的长期利率是多年的移动平均值，修正幅度较大，并不是当年储蓄决定的真正变量，为降低自相关先将其剔除。基于同样的理由，也将儿童抚养比从方程（4－3）中剔除，据此构建的实证模型如下：

$$s_t = \alpha_0 + \alpha_1(\bar{A}_t/y_t) + \alpha_2(\bar{W}_t/y_t) + \alpha_3 ol_t + \alpha_4 un_t + \alpha_5 in_t + \alpha_6 ptr_t$$
$$+ \alpha_7(FDC) + \alpha_8(NDC) + \varepsilon \tag{4-4}$$

其中，ε 为残差，为表述方便上式没有标出国家下标。

（三）单位根检验、协整检验及回归模型形式选择

在面板数据回归前需要先进行平稳向检验，结果表明，除公共养老金转移支付（ptr）原序列平稳，其他变量原序列不平稳，但都是一阶单整过程（见附表 1）。为确定变量之间是否存在长期关系，对非虚拟变量以外的变量做协整分析。由于样本较少，本书用 Engle-Granger 两步法基础上的 Pedroni 方法进行面板协整检验。通过逐步检验方法的检验结果表明，s_t、$\bar{A}_t/y_t$、$\bar{W}_t/y_t$、ol_t、un_t 和 in_t 通过协整检验，存在长期均衡关系（结果见表 4－5）。

表 4-5 案例国家净储蓄率的回归结果

变量	模型1	模型2	模型3	模型4	模型5	模型6
s_{t-1}	0.885131 *** (19.84465)	0.884621 *** (19.62596)	0.867327 *** (17.62407)	0.855604 *** (16.99685)	0.880637 *** (18.33500)	0.887890 *** (18.31117)
$\bar{A}_t/y_t$	2.106348 * (2.775706)	2.105061 * (2.774438)	2.034888 * (2.629822)	2.123399 ** (2.657703)	2.573732 ** (3.159876)	2.583876 ** (3.152799)
$\bar{W}_t/y_t$	-69.65477 *** (-6.600831)	-69.40150 *** (-6.886210)	-68.81545 *** (-6.751261)	-68.38717 *** (-6.585289)	-69.25804 *** (-6.578143)	-69.50359 *** (-6.575987)
ol_t	18.76629 (1.083991)	18.85392 (1.080822)				
un_t	-0.149197 (-1.425457)	-0.146391 (-1.454145)	-0.154979 (-1.528108)			
in_t	-12.76256 ** (-2.183246)	-12.72289 ** (-2.192094)	-12.77994 ** (-2.310915)	-12.63150 ** (-2.281354)		
ptr_t	0.041840 (0.098873)					
FDC	0.373183 (0.859737)	0.375930 (0.873409)	0.354178 (0.936156)	0.334654 (0.999032)	0.022750 (0.066225)	
NDC	-0.000229 (-0.000665)	-0.010995 (-0.034215)	-0.020248 (-0.070192)	-0.026404 (0.100288)	-0.267314 (-0.950586)	
α_0	55.65346 *** (5.678819)	55.78822 *** (5.734534)	60.80617 *** (7.040468)	59.39175 *** (6.592402)	47.52201 *** (6.511604)	46.64575 *** (6.462668)
ADF 协整检验	-9.589760 (0.0000)	-7.483901 (0.0000)	-5.994129 (0.0000)	-5.677214 (0.0000)	-2.734964 (0.0095)	-2.734964 (0.0095)
观察值	167	167	167	167	167	167
调整 R^2	0.899674	0.885924	0.885973	0.885570	0.884063	0.885231
F 统计量	61.91849	65.45873	68.88366	72.37033	75.45974	86.35906

注：1. 括号外为回归系数，括号内为 t 值；*、**、*** 分别表示在 10%、5%、1% 的显著水平下显著；2. 协整检验原假设为没有协整关系，括号外为 ADF 值，括号外为 p 值；3. 表中没有列出国别截距差异。

资料来源：笔者计算整理。

用面板数据通常有三种估计方法：混合数据普通最小二乘法（Poold OLS）、固定效应（Fixed effect）和随机效应（Rondom）。经检验，本书应用固定效应模型（见附表2）。固定效应模型又分为变截距和变系数两类。由于本书认为，不同文化的国家差异较大且相对稳定，运用固定效应变截距模型更能够比较好地反应国别自主储蓄倾向差异。此外，为降低自相关加入滞后项，方程如下：

$$s_t = \alpha_0 + \alpha_1 s_{t-1} + \alpha_2 (\bar{A}_t/y_t) + \alpha_3 (\bar{W}_t/y_t) + \alpha_4 ol_t + \alpha_5 un_t + \alpha_6 in_t$$
$$+ \alpha_7 ptr_t + \alpha_8 (FDC) + \alpha_9 (NDC) + \alpha_{9j} + \varepsilon \qquad (4-5)$$

其中，α_{9j} 是国别截距，为表述方便上式变量没有标出国家下标。

（四）实证结果分析

上述检验说明，方程（4-5）各变量之间存在长期均衡关系，其回归残差是平稳的。因此，可以在此基础上直接对方程进行回归。运用 Eviews 6.0 对其回归分析的结果（见表4-5）。表中共有6个模型，模型1是对所有变量回归的结果，模型2~模型5是逐步剔除个人账户改革变量以外的不显著变量的结果，模型6只保留传统持久收入理论变量的结果。从表4-5可以看出以下特点。

第一，引入个人账户并没有达到预期的激励储蓄效果。模型1~模型5中，无论是FDC还是NDC个人账户改革，其回归系数都不显著。模型6中将个人账户改革变量剔除后回归结果的拟合优度还有较大的提高。这说明公共养老金个人账户改革虽然实行十几年了，但其理论上的储蓄激励效应并没有很好发挥，多数人并没有在心理账户核算中将个人账户缴费当作储蓄，或者是对其应对人口老龄化冲击下的制度财务可持续能力不太认可。

第二，虽然FDC和NDC个人账户改革变量回归系数都不显著，但前者高于后者，而且显著性也稍高。从回归系数的符号看，FDC个人账户改革为正，与预期一致，而NDC个人账户改革为负，与预期相反，这说明FDC可能比NDC个人账户改革有利于降低PAYG+DB公共养老金制度对储蓄行为的扭曲。当然，由于回归系数不显著，该推断尚需进一步验证。

第三，人口老龄化变量和基础公共养老金变量最先被剔除。人口老龄化变量不显著，说明理论上的个人账户制改革可以提高人们对人口老龄化冲击的真实感知，从而引起储蓄行为的变化的作用发挥不充分。财政转移支付公共养老金变量不显著符合理论预期，因为依赖该支柱养老金的人一般属于贫困阶层，该阶层的储蓄倾向虽然高，但由于收入较低，在总储蓄中的比重也不高。

第四，通货膨胀率在储蓄决定中的作用较大。在模型 1～模型 4 中，通货膨胀变量都是显著的，回归系数高达 12 左右，但符号为负。这说明由于通货膨胀成为现代经济的常态，对包括养老金在内的储蓄积累长期购买力影响很大。引入个人账户对储蓄激励作用不大的重要原因之一可能就是人们担心账户积累的实际收益或记账收益赶不上通货膨胀从而导致购买力的下降。在人口老龄化条件下，这种预期更强。因此，在账户制改革时必须重视待遇指数化、投资管理及记账收益等配套改革，选择合适的方式克服通货膨胀对养老金待遇的侵蚀，增强人们储蓄保障退休收入的信心。

第五，公共养老金制度强制征收工薪税（费）对净储蓄增加的作用很大。6 个模型中，工资收入的回归符号为 -70，且十分显著。这表明从工资收入占产出比例每剥离 1%，净储蓄率提高 0.7%，养老金缴费增加对自主储蓄的挤出仅为 30% 左右。因此，在总缴费率不是很高的情况下，增加工资收入中养老金缴费能提高社会的总储蓄。但是从前面理论分析中，在传统 PAYG + DB 模式下会遇到强大的政治压力，而引入个人账户则可以有效降低这种压力。所以，尽管目前个人账户改革并没有有效激励储蓄增加，但只要制度设计合理，其激励储蓄的潜力还是比较大的。

第三节　个人养老金账户制改革的劳动激励效应实证研究

一、文献回顾

在生命周期模型中，退休决策是一个外生变量，现实中各国也都有法定退休年龄的规定，因此，早期的研究都没有把退休决策作为研究养老金制度的财务可持续的重点。但20世纪60~90年代中期，一方面人口老龄化程度迅速发展，预期寿命不断上升，另一方面老年人的劳动参与率反而出现大幅下降。OECD国家65岁及以上人口比例从1965年的13.1%上升到1994年的17.9%，但同期该年龄人口的劳动参与率却从21.8%下降到11.1%[①]。这使得退休人口与工作人口之比不断增加，领取养老金待遇的人数与当期进行缴费的人数之比也不断上升，从而对养老金制度的财务可持续性产生了直接而严峻的挑战。许多经济学家进行了诸多理论和实证研究，认为20世纪70~80年代普遍建立提前退休计划和PAYG+DB公共养老金计划内在的鼓励人们提前退休的激励因素是导致老年人劳动参与率下降和提前退休上升的原因[②]。总体上看，对传统PAYG+DB公共养老金制度可能扭曲劳动供给进而影响制度财务可持续的研究可以分为宏观PAYG的融资方式和微观DB待遇确定方式两个方面。

（一）宏观融资方式视角的研究：PAYG和基金制的比较

费尔德斯坦在1974年将退休决策内生化并引入生命周期模型，提出了PAYG公共养老金制度的引致退休效应，指出提高养老储蓄率和延迟退休具有替代作用[③]。关于PAYG公共养老金制度对个人退休决策的影响，费尔德斯坦在1999年提出了扭曲损失（deadweight loss）概念加以解释。所谓扭曲损失可以理解为一种隐形税收或补贴。在PAYG公共养老金制度下，就是养老金制度的内部收益率和个人储蓄收益率之间差异。如果养老金内部收益率小于个人储蓄收益率，其差额就类似于对养老金征税，这时就会降低老年人的就业率，反之，养老金内部收益率大于个人储蓄收益率，

---

① Chong-Bum An and Ji Un Jung, "The Causes of Early Retirement: Social Security Generosity or Population Aging", Paper to be presented at APEC Conference June 2009, p3.

② Samwick Andrew, "New Evidence on Pensions, Social Security and the Timing of Retirement", NBER Working Paper No. 6534, April 1998, p2.

③ Feldstein. M., "Social security, induced retirement and aggregate capital accumulation", Journal of Political Economy, Vol. 82, 1974, pp. 905 – 925.

就相当于给养老金补贴，会抑制提前退休，老年人延迟退休[1]。费尔德斯坦和利普曼 2001 年的研究指出，个人储蓄存款收益率高于养老保障的收益率，引致了较高的延迟退休的隐性税，他们模拟了不同税率情况下的扭曲损失，并认为这是美国和其他 OECD 国家老年人劳动参与率下降的原因之一[2]。这与格鲁伯和怀斯的多国实证研究结果一致，即隐性税率越高，未利用的老年人力资源比例越高，即提前退休比例越高而延迟退休比例越低[3]。公共养老金采取 PAYG 融资方式还使宏观潜在财务压力无法有效影响个人决策，并且提前退休财务压力直接转化为政府财政压力，而不是微观决策压力，因此更难通过效率提高解决。需要指出的是，虽然上述实证研究结果倾向于认为基金制比 PAYG 制度更有利于激励劳动供给，前提条件是 PAYG 制度的内部收益率低于基金制的市场投资收益率，但这一前提条件受到许多学者的质疑[4]。因此，基金制比 PAYG 制度更有利于激励劳动供给的结论不一定具有普遍性。

（二）微观待遇确定方式角度的研究：DB 和 DC 的比较

待遇确定方式差异是个人退休决策的直接决定因素，是个人账户能否激励劳动供给的前提条件。克劳福德和利灵 1981 年的研究指出了 DB 型养老金制度激励退休的两个原因。第一，转移支付在福利中比例高，个人缴费在待遇中的比例低，个人养老金缴税与退休待遇联系不紧密；第二，福利待遇累退性强，即低收入个人比高收入个人获得更多转移支付。这不仅激励个人养老积累不足的低收入者更早退休，而且抑制高收入者延迟退休[5]。理论上，FDC 养老金制

① Feldstein. M. , "Tax Avoidance and the Deadweight Loss of Income Taxes", Review of Economics and Statistics, November 1999, pp. 674 – 680.

② Feldstein M. and Jeffrey B. Liebman, "Social security", NBER Working Paper 11290, 2001, p44.

③ Gruber J. and D. A. Wise, "Social Security Programs Retirement around the World: Fiscal Implications", NBER Working Paper 11290, 2005, p41.

④ Orszag Peter R. Joseph E. Stiglitz, Rethinking Pension Reform: Ten Myths about Social Security Systems, Presented at the conference on "New Ideas about Old Age Security", The World Bank, September 14 – 15, 1999, pp. 23 – 27.

⑤ Crawford Vincent P. and David M. Lilien, "Social Security and the Retirement Decision", The Quarterly Journal of Economics, Vol. 96, No. 3, August 1981, pp. 505 – 529.

度将财务风险转移给个人，同时，也将退休储蓄和达法定退休年龄后是否延迟退休给予个人，具有良好的激励和约束机制。

　　弗里德贝格和韦伯基于美国的实证研究支持上述推理，他们得出 DC 型养老金的成员平均实际退休年龄比 DB 型养老金成员高 1 ~ 2 年的结论[①]。詹姆斯和爱德华（James & Edward）2005 年对智利的研究也得出了类似的结论，被 DC 个人账户覆盖的 50 ~ 64 岁老年人劳动参与率较改革前提高 2.39%，65 岁及以上老年人则提高了 0.78%[②]。戴蒙德指出，养老金激励自愿延迟退休的条件是达到退休年龄后继续工作时隐性税负更低[③]，而通常情况下低隐性税收存在于 DC 制度中。

　　上述研究结果是将 FDC 和 PAYG + DB 制度综合比较获得的，实际上，待遇确定方式起关键性作用。NDC 制度宏观资金运行虽然仍是 PAYG，但从个人角度看，激励约束机制与 FDC 制度类似。帕尔默 1999 年指出，NDC 制度与 DB 制度的关键差异是缴费越多，未来的收益越高，而不是宏观融资方式。此外，NDC 具有 FDC 个人账户制度的有权益的微观积累性且能有效隔离金融市场风险[④]。因而，名义账户制应该也能够鼓励人们延迟退休。

　　私有的养老金账户资产积累对退休决策有正反两方面影响。财富效应激励人们延长工作年限；同时，个人账户具有诱致退休效应，因为账户资产积累使人们提前退休有保障。虽然学界倾向于认为 DC 较 DB、基金制较 PAYG 养老金制度有利于抑制提前退休并激励人们自主延迟退休，但上述国别研究并不一定具有普遍意义，且退休决策还与非缴费的社会保障制度、宏观经济状况甚

---

　　① Friedberg L and Anthony Webb, "Retirement and the Evolution of Pension Structure", The Journal of Human Resources, April 2005, p282.

　　② Estelle James and Alejandra Cox Edwards, "Do Individual Accounts Postpone Retirement: Evidence from Chile", Michigan Retirement Research Center WP 2005 – 098, p35.

　　③ Diamond P., "Pension for an Aging Population", National Bureau of Economic Research, Working Paper, No. 11877, December 2005, p1.

　　④ Palmer E. "Exit from the Labor Force for Older Workers in Sweden: Can the NDC Pension System Help?", The Geneva Papers on Risk and Insurance, Vol. 24, No. 4, October 1999, pp. 461 – 472.

至社会文化状况密切相关。因此，考虑到各种现实的约束，个人账户潜在的激励机制是否真正从提高老年人劳动参与率角度增强了制度的财务可持续，尚需要建立实证模型量化研究加以验证。

二、案例国家老年人劳动参与变动状况

(一)案例国家实际退休年龄变化趋势

老年人劳动参与率的提高是人口老龄化情况下养老金制度财务可持续的重要基础之一。老年人劳动参与率可以用实际退休年龄反映。20世纪60~90年代中期，随着福利制度的发展，OECD国家老年的劳动参与率不断降低，实际退休年龄普遍下降。从表4-6可以看出，1965~1970年，本书研究的13个案例国家绝大多数的实际退休年龄在65岁以上，只有比利时略低于65岁，1990~1995年，除日本和墨西哥外所有国家的实际年龄都不足65岁，比利时和法国甚至下降到了60岁以下；与1965~1970年相比，日本和加拿大分别下降了1.4岁和3.4岁，其他国家的下降幅度都在5岁以上。

表4-6　　　部分OECD国家实际退休年龄的变化（男性）

国家		1965~1970年	1990~1995年	变化（1970~1995年）	2002~2007年	变化（1995~2007年）
参照国家	奥地利	66.8	60.9	-5.9	58.9	-2.0
	比利时	64.2	58.3	-5.9	59.6	1.3
	加拿大	65.9	62.5	-3.4	63.3	0.8
	芬兰	65.9	60.6	-5.3	60.1	-0.5
	日本	72.3	70.9	-1.4	69.5	-1.4
	西班牙	69.4	60.7	-8.7	61.4	0.7
FDC改革国家	澳大利亚	67.4	62.3	-5.1	64.3	2.0
	丹麦	68.3	62.9	-5.3	63.7	0.8
	荷兰	66.6	61.1	-5.5	61.4	0.3
	墨西哥	na	71.6	na	73.0	1.4
NDC改革国家	法国	67.6	59.3	-8.3	58.7	-0.6
	瑞典	67.9	62.7	-5.2	65.5	2.8
	意大利	65.9	60.5	-5.4	61.0	0.5

资料来源：OECD，"Ageing and Employment Policies-Statistics on average effective age of retirement"，http：//www. oecd. org/dataoecd/3/1/39371913. xls.

在这种背景下，各国的公共养老金制度改革，无论是参数式改革还是引入个人账户都将激励劳动供给抑制提前退休作为重要的目标，同时，这也是提高制度财务可持续能力的重要措施。从表4-6可以看出，1995年以后，大多数国家的老年人劳动参与率有所提高，实际退休年龄不仅抑制了前几十年的下降趋势而且有所回升。只有日本、奥地利、芬兰和法国实际退休年龄下降。其中，日本的实际退休年龄虽然下降了1.4岁，但仍达69.5岁，是对此前较高退休年龄的适度回归，实际上提前退休比较严重的是其他3个国家。

20世纪90年代中期以来，虽然实际退休年龄下降趋势得到抑制并有所上升，但所有13个国家维持养老金制度财务可持续的基础都仍不足。2002~2007年，没有一个国家的实际退休年龄恢复到1965~1970年的水平，而在此期间，各国的人口老龄化水平是无一例外提高的。另外，虽然各国都进行了包括公共养老金制度在内的旨在提高老年人劳动参与率的改革，但许多老年人在达到法定退休年龄前就提前退出了劳动力市场。在13个国家中，比利时、法国和意大利的法定退休年龄为60岁左右，其他国家都为65岁①。但在表4-6中，只有日本、墨西哥和瑞典的实际退休年龄超过了法定退休年龄。这说明包括公共养老金制度在内的改革没有有效地抑制提前退休以应对人口老龄化及制度财务不可持续危机。养老金作为退休提供主要收入来源，其激励约束机制没有很好地发挥激励老年人劳动供给是最重要的原因之一，特别是引入个人账户的国家。

（二）案例国家老年人劳动参与率趋势比较

上面用实际退休年龄指标间接反映了老年人的劳动参与情况，但没有对不同年龄的老年人进行划分。这一部分将老年人分为55~64岁和65岁及以上两个群体，前者的劳动参与率反映提前退休情况，后者反映延迟退休情况。公共养老金改革大多在20世纪

---

① http://statlinks.oecdcode.org/812011041P1G022.XLS.

90 年代,特别是 1994 年世界银行发布《转变老龄危机》报告以后兴起的,为便于比较以 1994 年为界,用 1990 ~ 1994 年和 2003 ~ 2007 年上述两个年龄段人口的劳动参与率情况比较,之所以扣除 1995 ~ 2002 年的数据,主要考虑到养老金改革的渐进性以及政策传导到劳动力市场的时滞(见图 4 - 3 和图 4 - 4)。

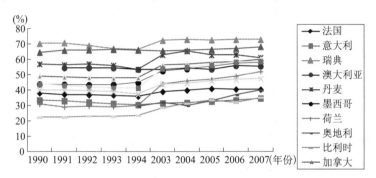

图 4 - 3 案例国家 55 ~ 64 岁人口改革前后劳动参与率

资料来源:OECD,"Labour Force Statistics1987 - 2007",2008,pp. 74 - 313.

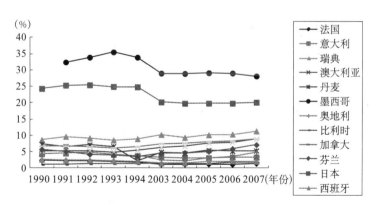

图 4 - 4 案例国家 65 岁及以上人口改革前后劳动参与率

注:数据库没有提供荷兰的数据。

资料来源:OECD,"Labour Force Statistics1987 - 2007",2008,pp. 74 - 313.

从图 4 - 3 可以看出以下特点。首先,所有案例国家在改革后提前退休都有所减少,2003 ~ 2007 年,55 ~ 64 岁人口劳动参与率较1990～1994年都有提高。其中，澳大利亚、丹麦、荷兰、加拿大、芬兰、西班牙显著提高，都在8%以上，瑞典、奥地利和法国也有5%～7%的提高，其他国家在3%以下。其次，从绝对水平看，55～64岁人口劳动参与率在改革后超过60%的国家包括瑞典、日本和加拿大，在50%～60%之间的国家包括澳大利亚、墨西哥和芬兰，其他国家都不足50%。后两类国家尚需通过包括养老金制度在内的改革继续抑制提前退休。最后，从改革前后比较看，各国55～64岁人口劳动参与率相对高低比较稳定，养老金改革方式差异与劳动参与率相关性并不显著，每类国家都有表现好的和表现差的。引入FDC个人账户的国家中，丹麦表现最好，55～64岁人口劳动参与率从1990年的57.1%的较高水平进一步上升到2007年的63.2%，澳大利亚和荷兰虽然改革后增幅较大，但到2007年仍在55%左右的低水平；引入NDC个人账户的国家中瑞典表现最好，55～64岁人口劳动参与率从1990年的70.5%的较高水平进一步上升到2007年的73%，法国虽然有所提高，但到2007年的参与率仅为40%，意大利尚不足35%。参照的6个国家中，日本虽然增幅较小但一直保持在65%左右，表现仅次于瑞典，加拿大、芬兰增幅较大，但到2007年也没有突破60%，其他国家改革前后都在50%以下。

从图4-4可以看出以下特点。首先，延迟退休的老年比例很低。12个国家中只有墨西哥和日本65岁及以上老年人劳动参与率较高，分别接近30%和20%，但这两国在2003～2007年较1990～1994年也出现大幅下降；瑞典在1990～1994年65岁及以上老年人劳动参与率在8%～9%之间波动，2003～2007年平均上升了1%～2%。其他国家65岁及以上老年人劳动参与率都不到10%，其中，法国、意大利、奥地利、比利时和西班牙在5%以下。这与人们选择休闲胜与工作有关，因为无论改革前还是改革后，各国的养老金给付都能保障老年人的退休生活，除墨西哥和日本外，其他国家收入为平均水平的家庭退休后净替代率都在 70% 左右①。从劳动需求角度看，经济发展缓慢，失业率较高，企业对 65 岁及以上老年人的需求较小。其次，延迟退休与引入个人账户改革的关联性很小，或者说尚未显现。各国养老金改革的一个通行措施是"老人老办法、新人新办法"。目前，退休的老年人大多数是当时的"老人"，个人账户自然不会进入退休决策。因此，后文不再对 65 岁及以上人口的劳动参与率和账户制改革进行计量分析。

三、个人账户制改革对抑制提前退休的计量经济分析

（一）模型构建

尽管各国都有法定退休年龄的规定，但多数国家的平均实际退休年龄都低于此年龄。研究表明，这与养老金制度提供的保障方式有关，因此，养老金改革有较大的抑制提前退休的空间。对 PAYG + DB 养老金制度的诱致退休效应学者们观点基本一致，即与老年劳动参与率负相关，但通过参量式改革在一定程度上也能抑制提前退休。引入个人账户后，其良好的激励机制、养老责任个人化和可继承性有利于抑制提前退休，但账户积累的财富效应又有较强的诱致退休效应。20 世纪 90 年代以来，由于进行包括公共养老金在内的就业导向改革，OECD 国家的提前退休得到抑制，55～64 岁人口的劳动参与率从 1994 年的 48.7% 上升到 2008 年的 55.9%②，但从各国的具体数据无法得出引入个人账户的国家总体上比其他国家高的结论。而且在引入个人账户的国家中，也不能将提前退休人口比例的下降完全归功于养老金改革。因此，需要将不同公共养老金制度国家纳入统一分析框架并将个人账户改革纳入退休决策模型，在控制其他相关变量的基础上，分离个人账户改革对 55～64 岁临近退休年龄人口劳动参与的影响，从而推断

---

① OECD, "Pensions at a Glance 2011: Retirement-income Systems in OECD and G20 Countries", 2011, p129.

② OECD, "OECD Employment Outlook 2009", OECD Publishing 2009, p257.

个人账户是否起到了抑制提前退休激励劳动供给的作用。

退休决策非常复杂，准确反映决策机制的宏观模型尚不成熟。现有的实证模型分为两类：建立在生命周期模型基础上的行为模型和不考虑经济理论的时间序列模型，由于个人账户改革出现时间较短，本书在前一类模型的基础上进行实证研究。2004 年，布莱克在生命周期模型基础上考察了影响退休行为的经济和人口结构变动因素，验证了英国 60 岁以上女性和 65 岁男性劳动参与率的影响[①]。2006 年，欧盟将 FDC 和 NDC 个人账户改革因素以虚拟变量的形式纳入面板数据时间序列模型，对成员国的个人账户改革劳动激励效应进行了比较研究[②]。本书以布莱克的模型为基础，并加入账户改革因素以虚拟变量的形式纳入实证分析，建立如下模型：

$$opr_t = \beta_0 + \beta_1(\bar{A}_t/y_t) + \beta_2(\bar{W}_t/y_t) + \beta_3 ol_t + \beta_4 yo + \beta_5 un_t + \beta_6 in_t$$
$$+ \beta_7 lm_t + \beta_8 ptr_t + \beta_9(FDC) + \beta_{10}(NDC) + \varepsilon \qquad (4-6)$$

在生命周期模型中假设退休年龄既定，工作和退休年限就是外生的，这样人们通过决定储蓄使终生效用最大化。表明人们也可以选择退出劳动市场时间，改变工作和退休时间的比例实现效用最大化。理论分析表明，个人账户较 PAYG + DB 养老金制度更能激励自主退休决策，实现生命周期模型预期的结果。因此，我们将方程（4-3）的被解释变量由净储蓄变为老年人口劳动参与率（opr_t）并添加了劳动力市场变量（lm_t）构建了方程（4-6）的模型。模型其他变量含义与方程（4-3）相同。

（二）数据来源、数据说明和单位根及协整检验

本部分实证研究的数据来源与方程（4-3）相同。前面的描述分析显示，65 岁及以上老年人劳动参与率非常低，表明到达法

---

① Blake, D. , "The impact of wealth on consumption and retirement behaviour in the UK", Applied Financial Economics, 2004, 14, pp. 555 – 576.

② Alfonso Arpaia, Kamil Dybczak, Fabiana Pierini, "Assessing the short-term impact of pension reforms on older workers' participation rates in the EU: a diff-in-diff approach", Directorate-General for Economic and Financial Affairs Economic Papers 385, September 2009, p20.

定退休年龄后各种变量对延迟退休的作用都很小，本部分的被解释变量只取 55～64 岁人口的劳动参与率为解释变量。劳动力市场影响就业决策的变量很多，我们用 OECD 公布的就业保护严格性指数（strictness of employment protection）代表，该指数涵盖了劳动就业保护的主要方面，包括解雇签订正规合同就业者的难度、集体解雇额外成本和非正规就业保护等，能够比较综合地反映劳动力市场的保护状况。

经检验，新增变量 opr_t 和 lm_t 都是一阶平稳变量，并和 $\bar{A}_t/y_t$、$\bar{W}_t/y_t$、ol_t、un_t、in_t 一起通过协整检验（见附表 1）。检验选择固定效应变截距模型回归模型合适（见附表 3），此外，考虑到劳动参与率受前期影响较大，为降低自相关，需要在方程中加入被解释变量滞后变量，整理后的实证方程如下：

$$
\begin{aligned}
opr_t ={} & \beta_0 + \beta_1 opr_{t-1} + \beta_2(\bar{A}_t/y_t) + \beta_3(\bar{W}_t/y_t) + \beta_4 ol_t + \beta_5 un_t \\
& + \beta_6 in_t + \beta_7 lm_t + \beta_8 ptr_t + \beta_9(FDC) + \beta_{10}(NDC) \\
& + \beta_{10j} + \varepsilon
\end{aligned} \tag{4-7}
$$

其中，α_{10j} 是国别截距，为表述方便，上式变量没有标出国家下标。

（三）实证结果分析

表 4-7 是用固定效应变截距模型对方程（4-7）进行回归分析结果。模型 1 是对所有变量的回归，模型 2～模型 4 是逐步剔除 FDC 和 NDC 不显著变量后的回归结果。从表中可以得出以下结论。

第一，20 世纪 90 年代中期以来，虽然 55～64 岁人口劳动参与率提高与个人账户改革同时，但个人账户改革不是主要决定因素。模型在控制影响退休决策的其他经济和人口结构变量的情况下，FDC 和 NDC 的系数都不显著。个人账户改革并不是 55～64 岁人口劳动参与率提高的主要原因，可能由于制度设计不合理、过渡期尚未结束、宣传力度不够等因素制约了个人账户的劳动激励效应的发挥。

表4-7　　　案例国家55～64岁人口劳动参与率的回归结果

变量	模型1	模型2	模型3	模型4
C	6.133616	6.124195	-2.642602	-1.309112
	(0.435308)	(0.433314)	(-0.249771)	(-0.129044)
opr_{t-1}	0.843103***	0.841279***	0.830540***	0.827978***
	(18.84636)	(18.93979)	(18.81917)	(18.75979)
$\bar{A}_t/y_t$	0.969059	0.954078		
	(0.878463)	(0.857258)		
$\bar{W}_t/y_t$	-19.12162	-19.87047		
	(-1.206431)	(-1.268091)		
ol_t	50.55013**	51.11958**	52.77027**	49.09744**
	(2.496729)	(2.590035)	(2.688059)	(2.562113)
un_t	0.068616			
	(0.563454)			
in_t	0.221581	0.197648	0.184807	
	(1.434963)	(1.337516)	(1.239255)	
lm_t	0.262650			
	(0.294894)			
ptr_t	39.92797***	41.06285***	40.41381***	39.71035***
	(5.419884)	(5.957619)	(5.459387)	(5.589848)
FDC	-0.109081	-0.091610	-0.361155	-0.195232
	(-0.235698)	(-0.215273)	(-0.822595)	(-0.452708)
NDC	-0.038723	-0.062093	-0.822595	0.119990
	(-0.095563)	(-0.160540)	(0.296270)	(0.324580)
ADF协整检验	-2.289320	-2.075224	-2.065650	-2.050682
	(0.0110)	(0.0190)	(0.0194)	(0.0201)
观察值	167	167	167	167
调整R^2	0.990293	0.990404	0.990282	0.990259
F统计量	770.8102	857.6579	940.7779	993.7198

注：1. 括号外为回归系数，括号内为t值；*、**、***分别表示在10%、5%、1%的显著水平下显著；2. 协整检验原假设为没有协整关系，括号外为ADF值，括号外为p值；3. 表中没有列出国别截距差异。

资料来源：笔者计算整理。

第二，人口老龄化加深是55～64岁人口劳动参与率提高的主要原因之一。ol_t的回归系数显著且为正数，表明人口老龄化已经通过市场作用成为影响 55~64 岁人口劳动参与的重要因素，这意味着通过优化个人账户设计以及和其他退休收入保障支柱的关系，降低隐性税率，可能进一步抑制提前退休现象。这对目前提前退休率比较高的国家尤为重要。

第三，ptr_t 回归系数为正且非常显著，即公共养老支出占 GDP 的比重越高，55~64 岁人口劳动参与率越高。原因是随着人口老龄化，即使各国公共养老金待遇受到抑制并有所下降，但总支出规模仍在上升，因此，各国都倾向强化对提前退休的限制。

第四，人们退休决策与生命周期模型理论不一致。$\bar{A}_t/y_t$ 和 $\bar{W}_t/y_t$ 的回归系数不显著，说明人们的退休行为并没有按照终身消费平滑及效用最大化为目标决策。为应对人口老龄化危机而进行的个人账户改革可能由于实行时间短、制度设计不合理等原因，其激励作用还没有内化到人们的退休决策行为。

第四节　小　结

本章将公共养老金占 GDP 的比重、净储蓄率和 55 岁及以上老年人口的劳动参与率作为显示公共养老金制度财务可持续的指标，将引入个人账户的 OECD 国家分为 FDC 和 NDC 改革两组，并与没有引入个人账户的国家纳入同一分析框架，通过比较研究改革对制度财务可持续的影响。研究结果如下：

第一，引入 FDC 个人账户国家的公共养老金支出负担控制得较好，而实行 NDC 个人账户改革的国家中除瑞典较好地控制了公共养老金支出占 GDP 的比重外，其他国家比仍然保持 PAYG + DB 制度的参照国家还差。虽然与前一章的理论分析的结论不一致，但无法就此推出 NDC 个人账户改革无效的结论。原因包括：OECD 中引入 NDC 个人账户且能进行量化分析的仅有三个国家，而法国和意大利在改革前就名列前茅；公共养老金支出负担不仅仅由自身特征及改革决定，在没有控制其他因素的情况下，将支出负担的变化完全归因于养老金改革也是不尽合理；此外，单纯的以公共养老金支出占 GDP 的比重衡量改革效果也与制度的保障老年人退休收入的基本目标不尽一致。

第二，在人口老龄化条件下，公共养老金制度财务可持续的物质基础之一是促进净储蓄的增加。储蓄的影响因素很多，本书建立计量经济模型将其他变量作用做了控制，因此可以分解出个人账户改革对净储蓄的影响。实证结果表明，FDC 个人账户改革对净储蓄影响的符号与预期一致，但系数不显著；NDC 个人账户对净储蓄的影响为负，回归系数也不显著。

第三，在人口老龄化条件下，公共养老金制度财务可持续的另一物质基础是抑制提前退休和激励延迟退休。本书用 55～64 岁老年人劳动参与率为被解释变量，将工作时间延长当作储蓄的替代品纳入以生命周期模型为基础的实证方程，回归结果显示，FDC 和 NDC 的系数与预期相反且不显著，养老金个人账户制改革对老年人劳动供给的影响很小。

总体来看，实证结果与第三章的理论分析预期差异很大。可能的原因是：个人账户出现较晚，其潜在的促进净储蓄率和老年劳动参与率的激励作用尚未发挥或显现，特别是在制度转型期间，个人账户改革反而会使反映制度财务可持续能力的各个指标恶化，然再开始改善；如第三章的理论分析所示，个人账户改革发挥激励作用受到养老金制度结构特征、新旧制度转型方式和速度以及诸多宏观经济和金融市场的影响，可能本章选取的样本国家中不满足发挥个人账户激励作用条件的国家多，从而使实证结果无法反映出改革相对成功的国家的情况。事实上，从在本章的描述统计分析中可以明显看出，瑞典和澳大利亚的个人账户改革对公共养老金支出负担控制、净储蓄率和老年人劳动参与率提高正相关，但意大利、法国等改革效果就比较差，这导致从模式上看，按现有的数据，个人账户没有明显表现出比 PAYG + DB 制度理论上存在的潜在优势。为此，在下面两章将选择 FDC 和 NDC 改革的典型案例国家，从源头分析改革对其制度财务可持续的作用，探索研究改革绩效明显国家的成功经验和绩效不明显国家的教训。

本章附录

附表1　　　　　　　　方程 4–4 和方程 4–6 单位根检验

变量		Levin, Lin & Chu t 的 p 值	Im, Pesaran & Shin 的 p 值	ADF-Fisher 的 p 值	PP- Fisher 的 p 值	单整阶数
s	原序列	0.9884	0.9963	0.6710	0.6689	I（1）
	一阶差分	0.0000	0.0000	0.0000	0.0000	
a/y	原序列	0.0263	0.7523	0.8896	0.9146	I（1）
	一阶差分	0.0006	0.0000	0.0002	0.1273	
w/y	原序列	0.0022	0.5193	0.3493	0.9894	I（1）
	一阶差分	0.0000	0.0000	0.0000	0.0000	
old	原序列	0.3875	0.9998	0.8876	0.4114	I（1）
	一阶差分	0.0000	0.0000	0.0000	0.0000	
yong	原序列	0.7825	0.9777	0.5569	0.0432	I（1）
	一阶差分	0.0000	0.0000	0.0000	0.0000	
un	原序列	0.0006	0.1041	0.0683	0.5876	I（1）
	一阶差分	0.0000	0.0000	0.0000	0.0001	
inf	原序列	1.0000	1.0000	0.9910	0.9973	I（1）
	一阶差分	0.0000	0.0006	0.0004	0.8540	
pt	原序列	0.0000	0.0015	0.0003	0.0046	I（0）
opr_t	原序列	0.9823	1.0000	0.9816	0.9994	I（1）
	一阶差分	0.0000	0.0000	0.0000	0.0000	
lm_t	原序列	0.0000	0.0000	0.0027	0.0000	I（0）

资料来源：作者计算整理。

附表2　　　　　　　　方程 4–4 回归模型选择

检验方法	统计量名称	统计量值（p 值）
Redundant Fixed Effects Tests	Cross-section F	22.039811（0.0000）
	Cross-section Chi-square	176.327412（0.0000）
Correlated Random Effects-Hausman Test	Chi-Sq（6）	27.408742（0.0001）

资料来源：作者计算整理。

附表3   **方程4-6回归模型选择**

检验方法	统计量名称	统计量值（p值）
Redundant Fixed Effects Tests	Cross-section F	3. 385606 （0. 0002）
	Cross-section Chi-square	40. 999632 （0. 0000）
Correlated Random Effects-Hausman Test	Chi-Sq （7）	13. 031494 （0. 0713）

资料来源：作者计算整理。

第五章 个人账户改革对公共养老金制度财务可持续的作用——FDC 实践

正如前文所述，虽然引入 FDC 个人账户养老金制度的国家被冠以"私有化"改革，但本质上仍是公共养老金，并不能完全和公共财政分离。如果制度设计不合理或与经济社会发展环境不协调，就不能有效发挥个人账户的激励作用——促进储蓄和劳动参与率的作用。在人口老龄化条件下，公共养老金制度要么起不到应有的保障作用，要么无法维持财务可持续性。2008 年，阿根廷的再国有化就是例证。

按照艾伦条件，20 世纪 70 年代以后，PAYG + DB 养老金制度已经与宏观经济环境和人口结构变化不相适应。FDC 个人账户缴费与待遇联系紧密，在微观上具有良好的激励作用，实账积累基金制的融资方式有利于提高储蓄率和金融市场效率，完全符合萨缪尔森和艾伦论证的人口和经济增长条件。但 FDC 改革不是在一张白纸上建立的，旧制度的遗产、金融市场和资本市场的发育程度、经济社会文化状况等因素都会影响改革绩效，因而并不一定能实现理论上的促进公共养老金制度财务可持续的目标。第四章的实证研究也表明，FDC 个人账户改革并不是实现制度财务可持续的灵丹妙药，而是受上述多个因素的影响。

选澳大利亚和墨西哥为案例，比较两国改革对财务可持续作用的影响。选择澳大利亚的原因是该国是唯一的实行强制性 FDC 个人账户养老金制度的国家；澳大利亚的改革被认为是"私有化"

改革成功的国家①。智利无疑是 FDC 个人账户改革拉美模式的典型，但基于以下两点本书选取墨西哥为案例：第一，加入 OECD 早，其数据全面；第二，联邦政府对个人账户管理投资的干预程度很大，与中国有很大的相识性。本章首先回顾了澳大利亚和墨西哥个人账户改革的背景，总结了其改革的特征；然后比较了两国改革后公共养老金制度财务可持续能力指标的变化；最后尝试从改革前的基础差异、个人账户设计、投资和监管层面，解释两国个人账户改革对公共养老金制度财务可持续作用不同的原因。

第一节　澳大利亚和墨西哥公共养老金改革概述

一、澳大利亚养老金制度改革背景及其改革特征

(一) 澳大利亚超级年金改革背景及内容

澳大利亚的公共养老金制度始于 1908 年，该制度的资金来源不是工薪税，而是一般税收，与其他大多数国家不同，在 20 世纪 90 年代以前，从来没有强制性职业关联养老金。在超级年金改革以前，澳大利亚的养老金制度只有家计调查公共养老金、自愿性雇主计划及私人养老储蓄。自愿性雇主计划有一定的基础但主要覆盖的是公共部门和银行等大型企业，私人部门覆盖率仅为 40% 左右②。

虽然澳大利亚的公共养老金发放通过家计调查目标定位，其福利慷慨程度远低于欧洲国家。但经过战后几十年的福利扩张，越来越多的老年人都符合家计调查的资格条件。到 20 世纪 80 年代

---

① World Bank, "Averting the Old Age Crisis: Policies to Protect the Old and Promote Growth", Oxford University Press, 1994, pp. 201 – 215.
② 马歇尔·N. 卡特和威廉·G. 希普曼，李珍等译：《信守诺言——美国养老社会保险制度改革思路》，中国劳动社会保障出版社 2003 年版，第 94 页。

中期，85% 的 65 岁及以上老年人领取全部或部分公共养老金①。考虑到人口老龄化趋势日益明显，政府和工会都意识到老年退休收入过度依赖财政融资的公共养老金不仅使政府的财政压力越来越大，而且也不利于保障老年人的退休收入。

为了解决人口老龄化即将带来的财政压力，公平地分给社会各阶层分担，澳大利亚从 20 世纪 80 年代中期开始酝酿养老金制度改革，重点是立法介入职业养老金，将其部分改造为一个强制性制度。1985 ~ 1986 年的工资谈判期间，在工会主导及政府的合作下和雇主达成协议，雇主将工人工资的 3% 缴入超级年金账户基金。到 1991 年，超级年金制度已经覆盖了 75% 的工人。1992 年通过了《超级年金担保法案》（*Compulsory Superannuation Guarantee*）正式引入强制性 FDC 个人账户，在澳大利亚称为强制性超级年金。这项制度要求所有雇主必须在符合要求的私人投资基金中为其雇员进行养老储蓄。改革的内容包括：

第一，缴费和账户类型。雇主为月收入超过 450 澳元（约为当年成年男性平均收入的 9%）的雇员设立个人账户，缴费率为 3%，建立超级年金基金。到 2000 年，缴费费率已上升到 7%，2002 年后进一步上升到 9%②。账户缴费和资产归雇员所有，具有完全的便携性。自雇者自愿缴费，但可以获得税收减免。1997 年开始，按 1% 的费率对雇员强制征收缴费，到 2002 年已经提高到 3%。这意味着 12% 的工薪税进入私人管理的退休金账户。澳大利亚超级年金采取实际积累制，待遇确定可以是 DB 型、DC 型或混合型。由于 DC 型基金制度简单、政策优惠较多、与市场化投资体制更吻合，所以在过去的 20 年里，超级年金具有从 DB 型向 DC 型转变的趋势，DB 型超级年金计划数目从 20 世纪 80 年代的 80% 下降到 2007 年的 2%，资产份额也从 1995 年的 21.6% 下降到 2008

---

① Games C. Capretta, "The Political Economy of State-Based Pensions: A Focus on Innovative Reforms", European Paperson the NewWelfare, No. 8, September 2007, pp. 8 - 16.

② APRA, "A Recent History of Superannuation in Australia", *APRA Insight*, Issue 2, 2007, p3.

年的 8.3%①。

第二，制度过渡。由于改革是在自愿性超级年金基础上的，因此无需过渡。在 1992 年后，政府主要通过共同缴费和税收优惠扩大覆盖面。

第三，领取最低年龄。澳大利亚规定的领取超级年金最低年龄为 55 岁，以后逐步提高，到 2025 年将达到 60 岁。雇员在 65～70 岁之间继续工作，雇主必须为其继续缴费②。

第四，基金管理、投资和监管。澳大利亚的所有超级年金基金都采取信托制，投资形式有基金直接投资、雇佣投资经理投资、通过寿险公司进行投资，由 1998 年成立的审慎监管局（APRA）和自我管理基金税务办公室（ATO）监管。

（二）澳大利亚超级年金改革的特征

1992 年以来，澳大利亚的超级年金制度经过多次改革和完善，制度逐步成熟。其基本特征如下：

第一，政府规范扶持而不主导。1992 年的《超级年金担保法案》实际是 1985～1986 年工资谈判协议达成后的自然产物。法案出台只是将已经得到社会认可的做法扩展到所有雇主并加以规范。政府对超级年金的扶持主要体现在税收优惠和共同缴费上。例如，2007～2008 年，雇主超级年金缴费为 15%，退税上限为 3 000 澳元，基金投资收益和养老金领取时也给予一定的税收优惠；政府为符合条件的低收入者提供 1:1 的共同缴费，（Co-Contribution）最高 1 000 澳元的缴费③。但政府既不提供最低或基本养老金，也不对超级年金提供给付担保。

第二，重视市场在福利提供中的作用，政府采取审慎性监管

---

① Hazel Bateman, Australia's 'lost' superannuation (retirement saving) accounts, presentation at the 2008 General Assembly of the Japan Pension Research Council (JPRC), Friday 5th September 2008, p11and APRA, Annual Superannuation Bulletin June 2008 (revised 10 June 2009), p43.

② OECD, "Pensions at a Glance2011: Retirement-income Systems in OECD and G20 Countries", 2011, p194.

③ Australian Prudential Regulation Authority (APRA), A Recent History of Superannuation in Australia, APRA Insight, 2007 Issue 2, pp. 3–10.

策略。澳大利亚具有自由主义传统，鼓励私人机构和其他服务提供者参与公共物品提供。超级年金的融资、投资和福利发放主要由私人基金公司负责。基金公司分为零售基金、行业基金、公司基金、公共部门基金、小型基金和自我管理基金，前五类由审慎监管局（APRA）监管，自我管理基金由税务办公室（ATO）监管，各个基金管理机构之间的竞争非常激烈，特别是2005年允许成员选择基金后，大部分超级年金基金都提供投资备选资产配置组合，一般国内外股票占50%以上，国内外债券占17%~20%，还包括10%左右的不动产及其他投资①。监管机构只要求基金公司遵循谨慎和恰当的原则，没有具体的量化限制。

第三，改革前的基础好，改革后效率高。澳大利亚的工会和雇主组织在改革前已经就建立强制性超级年金账户达成了协议，覆盖率较低的私人部门在1991年已经达到68%，总覆盖率高达75%。强制性超级年金改革后，覆盖率迅速上升，到1993年就达到93%，基本实现了全覆盖②。因此，尽管世界银行等国际组织将澳大利亚的超级年金改革称为私有化改革，实际上与拉美国家不同，澳大利亚的超级年金本来就是私有的，改革只是将其改变为强制性制度而已。由于竞争激烈且采取审慎的投资策略，基金投资收益较高，管理成本较低，养老资产迅速扩张。1983年，超级年金资产为 GDP 的14%，2004年就上升到了75%③，到2010年更是高达1.26万亿美元，约为 GDP 的103%④。

第四，改革具有超前性。虽然也面临着人口老龄化引起的公共养老金支出负担加重和财务可持续危机，但澳大利亚在超级年金改革时，老年赡养比仅为17%，公共养老金支出占 GDP 的比重

---

① APRA, Annual Superannuation Bulletin June 2008, revised 10 February 2010, p43.

② Hazel Bateman and John Piggott, Australia's Mandatory Retirement Saving Policy: A View from the New Millennium, Center For Applied Economic Research of the University of South Wales, working paper (2000/04), p3.

③ Games C. Capretta, "The Political Economy of State-Based Pensions: A Focus on Innovative Reforms", European Paperson the NewWelfare, No. 8, September 2007, pp. 8 – 16.

④ Tower Watson, "Global Pensions Asset Study 2011: Excutive Summery", Tower Watson Company, February 2011, p7.

不足 3%，均低于大多数发达国家[①]。由于改革共识形成较早，澳大利亚政府能够在公共养老金制度财务收支尚好的情况下，为应对即将到来的退休高峰较早做了准备，将已经有一定基础的超级年金改造为强制性制度，通过积累和投资收益达到既降低财政负担，又能较好保障老年人收入的目标。

二、墨西哥改养老金制度改革背景及其改革特征

(一) 墨西哥改革背景及内容

墨西哥的养老金制度可以追溯到 1925 年建立的公务员养老金制度。1943 年，墨西哥社会保障局（IMSS）成立，目的是为在私人部门工作的领薪劳动者提供保险和保护。为此，墨西哥社会保障局制定了三方筹资计划，即由劳动者、雇主和联邦政府共同缴费建立公共养老金制度。两个制度都以公共管理的 PAYG + DB 形式运行，这种制度面临着多个问题。第一，制度精算公平程度低，正规私人部门缴费积累被用于医院、医疗及农村保障领域，并且由于管理不善及腐败等原因，改革前公共养老金制度的隐性债务高达 GDP 的 141%[②]。第二，积累程度低。由于待遇支付逐渐扩大到参保者的家属，向其他福利项目甚至基础设施的资金转移，养老金制度积累严重不足，1994 年仅为 GDP 的 0.4%，但按照当时的基金收支状况，这一比率本应该达到 11%。第三，逆向再分配，导致最低养老金负担日益加重。待遇公式最初设计是向中低收入者再分配，但由于糟糕的劳动力市场和制度设计，改革前的养老金制度事实上是中低收入者向高收入者的再分配。这就迫使最低养老金由建立之初的约为最低工资的 40% 上升到 1995 年的 100%。第四，潜在的人口老龄化。墨西哥人口结构在改革前还比较年轻，但已呈老龄化趋势，人口出生率从 1970 年的 3.7% 降到

---

① OECD. StatExtacts，http：//stats. oecd. org/Index. aspx？ DataSetCode = SOCX _ AGG.

② Oliver, Azuara, "The Mexican Defined Contribution Pension System：Perspective for Low Income Workers", MPRA Paper No. 17571, September 2009, p7.

了 1995 年的 1.9%，预期寿命从 1950 年的 49.6 岁增加到了 1995 年的 70.8 岁[①]。此外，20 世纪 80 年代以来，墨西哥金融危机、糟糕的劳动力市场状况和低储蓄导致"新自由主义"思想的流行和智利养老金私有化改革模式的影响也是墨西哥养老金改革的重要原因。

1992 年，墨西哥进行了第一次改革尝试（SAR-92）。此次改革试图在原有 PAYG + DB 公共养老金制度的基础上引入 FDC 个人账户。制度覆盖公共和私人部门所有雇员。任何人都有两个子账户：个人养老金账户和住房基金账户。在原现收现付计划的缴费之外，雇主另外缴纳相当于职工工资 7% 的缴费，其中，2% 进入职工个人退休账户，5% 进入住房基金账户（见表 5 - 1）。

由于改革不彻底且受到公共部门的反对，1992 年的改革并没有从根本上解决养老金制度面临的问题。1995 年 12 月，墨西哥颁布新的社会保障法，启动了第二次改革（SAR-97），用完全积累制的个人账户养老金计划取代了原现收现付计划。改革的内容包括以下方面。

第一，私人部门个人养老金储蓄账户采取 FDC 形式运行。其账户分类、缴费、管理和投资规定见表 5 - 1。1997 年改革后，完全积累制度缴费为收入的 6.5%，其中，5.30% 进入个人资本化账户，1.20% 作为 AFORES 的平均管理费用。此外，墨西哥政府按联邦地区最低工资的 5.5% 向每个资本化账户缴纳社会配额（social quota）（共同缴费）。其他与养老相关的制度从养老金制度中分离出来。墨西哥社会保障局仍然负责征收保险费和其他缴费以及认定待遇领取权，但是，养老金资产的财政管理职能改由专门管理养老基金的金融机构负责，该机构名为养老基金管理公司（Afore）。养老基金管理公司可以有一个或者多个专业的养老基金

---

① Carlos Herrera, "Towards stronger pension systems in Mexico: vision and proposals for reform", in Pension reforms in Latin America Balance and challenges ahead, edited by José Luis Escrivá, Eduardo Fuentes and Alicia García-Herrero, Pensions & Insurance and BBVA Research, 2011, p134.

投资公司（Siefore），负责在不同的风险回报选择下投资运营参保者的基金。

表5-1　　　　　　　墨西哥 SAR-92 和 SAR-97 改革

子账户		费率 SAR-92	费率 SAR-97	管理和投资
养老金（RCV）	退休账户	2.0%（雇主）	2.0%（雇主）	养老基金管理公司（AFOR-ES），投资基金协会（SIEF-ORES）
	年长劳动者失业养老金账户		4.5%（雇主 3.15%、个人 1.125%，政府 0.225%）	
	政府共同缴费		最低工资的 5.5%	
伤残和遗属（IV）		2.5%	2.5%（个人 0.62%，雇主 1.75%，政府 0.13%）	社会保障局（IMSS）
工人补偿社会费			最低 0.25%，最高 15%	社会保障局（IMSS）
住房基金账户（V）		5.0%（雇主）	5.0%（雇主）	基金管理公司，住房融资局（INFON-AVIT）

资料来源：Manuel Aguilera，Norma Alicia Rosas，Manuel Calderón，Héctor Rodríguez-Cabo，"Technical Note on the Pension Annuity Maket：Mexico"，prepared by Gregorio Impavido and benefited from comments by SHCP，November 2006，p6.

第二，新旧制度的过渡原则。1997 年 7 月 1 日后的私人雇员必须加入新制度，自雇者自愿；1997 年 7 月之前向旧制度缴费的员工在其退休时可以选择从旧制度或新制度申领养老金，也就是说，他们可以选择使个人收益最大的养老金领取方案；改革时已退休者所领取的养老金额保持不变，他们的养老金支付由联邦政府财政负责。

第三，退休年龄。男性和女性的正常退休年龄为 65 岁，缴费满 1 250 周（约 24 年）；在 60 岁后可以提前退休，条件是该工人当时没有工作且至少缴费 1250 周；若个人账户积累使其能购买超过最低保障养老金 130% 以上的年金，成员可以在任何年龄退休，缴费时间可以低于 1250 周。成员可以在 65 岁以后推迟领取养老金，同时领取最低养老金，有的计划允许在 65 岁后在同一雇主单位继续工作时领取养老金①。

第四，成立全国养老金储蓄制度委员会（CONSAR），来监督养老金制度的运行情况。

第五，对低收入工人引入最低养老金保证。墨西哥政府为加入新制度且在 2035 年以后退休的人员提供最低养老金。资格条件是缴费满 1 250 周，福利待遇为墨西哥最低工资与价格指数同步。在 2035 年之前退休的人员按旧的现收现付制度标准发放②。

1997 年的改革基本确立了墨西哥养老金制度的基本框架，第一支柱是由政府担保的最低养老金，承担再分担功能；第二支柱是完全积累制的个人账户计划；第三支柱是自愿储蓄计划。但是改革没有包括公共部门，后者在 2007 年也进行了私有化改革。由于出台时间短，覆盖人数少，因此本书不做详细研究。

（二）墨西哥养老金改革的特征

墨西哥的强制性个人养老金制度与其他拉美国家和澳大利亚的超级年金很相似，但又具有自己的特色。

第一，独特的新旧制度过渡方式。墨西哥与智利一样，在引入个人账户的同时终止了原来的 PAYG + DB 公共养老金制度，但没有采取智利式发行"认账券"对转入新制度的过渡一代雇员补偿，而是保留了过渡期一代在退休时再次选择按新制度或旧制度获得养老金待遇的权利。这样做的好处是保护了过渡一代的权益，降低了政府补偿成本支出和政治上的反对力量，不足是过渡期过长。

第二，缴费征缴集中，但缴费率过低。与智利和澳大利亚向基金公司直接缴费不同，墨西哥的缴费由社会保障局统一征收，然后分配给养老基金公司。这样可以在一定程度上实现规模经济，降低收缴成本并有利于监管。关于缴费率，墨西哥的强制缴费额

① OECD, "Pensions at a Glance2011: Retirement-income Systems in OECD and G20 Countries", 2011, p269.

② Ibid, p269.

为缴费工资的6.5%，加上政府缴费目前也仅为8.1%，低于其他拉美国家10%的平均水平，更低于澳大利亚的12%①。缴费率过低是导致墨西哥个人账户替代率低于其他国家的原因之一。

第三，基金投资市场化程度低。首先体现在墨西哥养老基金公司的数量很少，1997年仅有17家，至2007年12月进一步发展成为21家，而澳大利亚高达上千家②。这主要与制度的起源和基础有关，澳大利亚超级年金源于自愿性制度，大量的基金管理机构在改革前已经被批准运营了多年，拥有一定的资金规模，政府对新申请者的审批只是合规性的，墨西哥是政府主导下新建制度，其审批资格更严格，且出于规模经济考虑不能允许太多的基金公司竞争。基金投资市场化程度低的第二个体现是基金公司的投资组合被高度限定，账户基金的大部分只能投资于本国政府债券。2000年，本国政府债券占总投资的96%，2004年，才首次将账户资产投资于股票，最高限额为投资组合的15%并且只能依据股票指数进行投资，2005年4月，才允许向国际金融工具投资。货币外的外国债券，最高限额为投资组合的20%③。但直到2010年6月，投资组合中本国政府债券比重仍高达66%，金融债券、股票投资和外国证券分别占16%、13%和4%④。这样的资产配置使墨西哥的养老基金投资长期以规避风险为首要目标，虽然可以最大程度地保护参保者的账户资产安全，但也限制了风险多元化和通过投资回报让不同的养老基金投资公司差别化竞争的可能性，不

① Carlos Herrera, "Towards stronger pension systems in Mexico: vision and proposals for reform", in Pension reforms in Latin America Balance and challenges ahead, edited by José Luis Escrivá, Eduardo Fuentes and Alicia García-Herrero, Pensions & Insurance and BBVA Research, 2011, p169; APRA, "A Recent History of Superannuation in Australia", APRA Insight, Issue 2, 2007, p3.

② Emma Aguila, Michael D. Hurd and Susann Rohwedder, "Pension Reform in Mexico: The Evolution of Pension Fund Management Fees and their Effect on Pension Balances", Michigan Retirement Research Center WP 2008, 196, p5.

③ Emma Aguila, Michael D. Hurd and Susann Rohwedder, "Pension Reform in Mexico: The Evolution of Pension Fund Management Fees and their Effect on Pension Balances", Michigan Retirement Research Center WP 2008 – 196, p11.

④ David Tuesta, "A review of the pension systems in Latin America", BBVA Research Working Papers Number 11/15, April 2011, p12.

利于基金的投资收益。

第四，在风险监管上，墨西哥对风险控制更严格。监管机构不仅设定了严格的可投资资产数量化规定，而且要求基金公司按每日绝对风险价值管理法（absolute value at risk，VaR）的上限来控制下跌风险①。这是墨西哥养老金投资监管的创新，但充满争议。多数国家采取的是相对风险价值管理法，只是规定最低基准回报率，监管公司的长期风险收益平衡②。因此，墨西哥的数量化监管更严厉，虽然有利于风险控制，但不利于基金公司审慎性投资。

第二节　澳大利亚和墨西哥个人账户改革对财务可持续作用分析

一、公共养老金支出负担变化

澳大利亚和墨西哥改革建立的 FDC 个人账户制度强调的是自我负责，微观上实现个人一生收入与支出的纵向平衡，烫平消费，宏观上一定程度实现了再分配支柱与储蓄支柱的分离。个人养老金待遇主要基于缴费积累和市场化投资收益，单独看个人账户部分财务可以实现自动平衡与财政无关。但本书认为，虽然个人账户在产权上是私有的，基金管理和投资也采取市场化方式，但其承担的职能是和公共管理的第一支柱养老金制度共同向老年人提供退休收入保障，也属于公共养老金制度的一部分，此外，在引

①　风险价值＝久期×投资组合价值×收益率变动。

②　Gregory Brunner, Richard Hinz, Roberto Rocha, "Risk-Based Supervision of Pension Funds: A Review of International Experience and Preliminary Assessment of the First Outcomes", The World Bank WP4491, January 2008, p7; Carlos Herrera, "Towards stronger pension systems in Mexico: vision and proposals for reform", in Pension reforms in Latin America Balance and challenges ahead, edited by José Luis Escrivá, Eduardo Fuentes and Alicia García-Herrero, Pensions & Insurance and BBVA Research, 2011, p146.

入个人账户后，政府仍承担部分缴费、资金运营监管和最低年金给付等责任。所以其运行的绩效关系到整个公共养老金制度的财务可持续性。如果个人账户积累资产贬值严重，就会加重零支柱和第一支柱养老金的财政负担，甚至出现类似阿根廷2008年发生的再国有化现象。因此，改革是否降低了财政负担或担保的公共养老金支出负担是检验引入FDC个人账户对制度财务可持续的首要指标。

从公共养老金支出占GDP比重看，澳大利亚和墨西哥改革后都较好地控制了公共养老金支出负担。1993～2007年，澳大利亚公共养老金支出占GDP的比重从3.25%上升到3.36%，小幅上升了0.1%，而同期，65岁及以上人口比重上升了3%。横向比较看，澳大利亚是OECD国家中公共养老金支出负担最轻的国家之一。1993～2007年，除1995年、1996年和2000年外，公共养老金支出一直保持在GDP的3.5%以下，改革前预测的向其他发达国家平均7%水平收敛的情形没有出现①（见图5-1）。据预测，澳大利亚公共养老金支出占GDP比重在2020年前能保持在4%以下，到2050也不会超过5%②。主要原因之一是公共养老金方法的目标定位及较低的替代率，另一个原因是引入强制性超级年金的积累及其良好收益提供了重要的退休收入补充，从而抑制了公共支出的上升。墨西哥改革后，公共养老金支出占GDP的比重从1997年的0.6%上升到2007年的1.4%，而同期，65岁及以上人口比重上升了1%（见图5-1），预计到2050年也仅为3.5%左右③。需要指出的是，墨西哥的公共养老金待遇绝对水平很低，在中短期反而需要加大支出以减少贫困和对个人账户的税收优惠力度，公共养老金支出占GDP的比重尚需适当提高。实行个人账户的作用是使墨西哥未来不会出现类似欧洲国家那样的由于福利膨

---

① OECD. StatExtacts, http://stats.oecd.org/Index.aspx? DataSetCode = SOCX_AGG.

② OECD, "Pensions at a Glance 2011: Retirement-income Systems in OECD and G20 Countries", 2011, p159.

③ Ibid, p159.

胀和政府责任过大而引起的公共养老金支出占 GDP 的比重过高的现象。

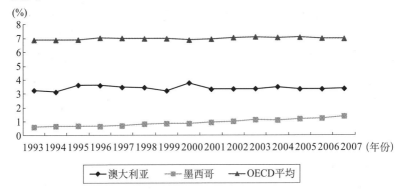

图 5-1　澳大利亚、墨西哥和 OECD 国家公共养老金（含遗属）支出占 GDP 的比重

资料来源：OECD. StatExtacts，http：//stats. oecd. org/Index. aspx？DataSetCode = SOCX_ AGG.

从公共养老金支出占财政支出比重看，两国都比较低。1990 年，澳大利亚养老金支出占政府支出的比重为 8.6%，到 2007 年小幅上升到 10.1%，远低于 OECD 国家 16.5% 的平均水平；墨西哥养老金支出占政府支出的比重的水平更低，2007 年仅为 7.2%，不足 OECD 国家平均水平的一半[1]。因此，两国政府的公共养老金财政压力不大。

个人账户改革是澳大利亚和墨西哥控制公共养老金支出规模的重要原因。改革后制度覆盖面都有较大的提高，账户缴费及投资收益积累了相当规模的退休专用基金。1997～2007 年澳大利亚超级年金覆盖率达 90% 以上，基金投资的平均净收益率高达 7.3%，资金积累总额超过了 GDP 的总量[2]；墨西哥自 1997 年以

---

[1]　OECD, "Pensions at a Glance 2011：Retirement-income Systems in OECD and G20 Countries", 2011, p155.

[2]　Annual Superannuation Bulletin June 2007 （revised 10 March 2009）, p38 and APRA （2007）, Celebrating 10 years of superannuation data collection 1996～2006, Insight, Issue 2, 2007, p37.

来，参加个人账户计划的人数逐年上升，覆盖率从 51.8% 上升到 2009 年的 56.5%，1998~2005 年，实际投资收益率为 7.3%，目前个人账户的资产总额相当于 GDP 的 10.1%，并因此使养老基金投资公司成为墨西哥仅次于全能服务银行的第二大金融中介机构①。强制性实账积累个人账户的养老专用资金积累为联邦政府将公共养老金支出占 GDP 或政府支出比重控制在一个较低的水平创造了部分条件。

二、居民净储蓄的变化

实账积累个人账户是一个采取强制手段将劳动者一部分工资储存起来，完全用于缴费者自己养老的储蓄机制。该制度完全没有共济功能，个人拥有账户积累及投资收益的产权。因此，与一般资产账户一样，个人账户对储蓄也有财富效应和替代效应，前者越大越有利于净储蓄增加，后者刚好相反。但是，养老金个人账户资金直到退休时才能领取，而且可以通过心理账户作用和良好的激励作用克服个人短时行为，再加上政府对老龄化后果的宣传及在改革时的增加储蓄导向，使得财富效应超过替代效应的可能性更高，从而总体上增加居民净储蓄。

从图 5-2 可以看出，澳大利亚超级年金改革一开始净储蓄就开始快速增加，此后在制度过渡期保持了较小波动幅度，制度成熟后增速明显加快。1990 年，超级年金只覆盖了一半左右的经济活动人口，在 1991 年宣布 1992 年 7 月开始实行强制超级年金后，制度开始快速向私人部门、妇女和非正规就业部门扩展，当年覆盖率就迅速飙升到 79%，特别是原来覆盖率低的私营部门由 1987 年的 32% 上升到 1991 年的 68%，1993 年就达到了 93% 的覆盖率②。与制度扩

---

① Emma Aguila, Michael D. Hurd and Susann Rohwedder, "Pension Reform in Mexico: The Evolution of Pension Fund Management Fees and their Effect on Pension Balances", Michigan Retirement Research Center WP 2008 - 196, p12.

② Hazel Bateman and John Piggott, "Australia's Mandatory Retirement Saving Policy: A View from the New Millennium, Center For Applied Economic Research of the University of South Wales, WP (2000/04), p3.

面伴随的是居民储蓄的增加，1991 年，居民净储蓄仅为 GDP 的 1.04%，到 1993 年就上升到 4.59%。1992~2002 年是超级年金制度的改革过渡和调整期，期间居民净储蓄占 GDP 的比重在 3.95%~5.73 之间波动。2002 年以后，除由于 2001~2002 年经济危机冲击所下降外，都以较快的速度增长，2008 年高达 9.27%。

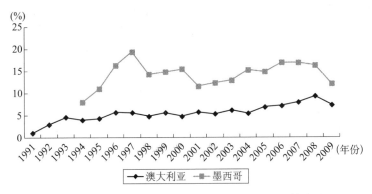

图 5 - 2　澳大利亚和墨西哥居民净储蓄占 GDP 的比重

资料来源：OECD. StatExtacts，National Acount 2011，http：//stats. oecd. org/Index. aspx? DataSetCode = SOCX_ AGG.

澳大利亚居民净储蓄的增加反映了超级年金改革后养老金制度的财务可持续能力增强。研究表明，超级年金改革是净储蓄增加的主要原因。在建立强制超级年金前的 1961~1991 年，澳大利亚的净储蓄率从 12% 下降到不到 1%，正是从 1991 年开始净储蓄率止跌回升，这与强制性超级年金的引入绝非仅仅是偶然的巧合①。此外，从超级年金资产与居民净储蓄增长的高度关联性上，也可以证明超级年金与净储蓄的正相关性。1996~2002 年，超级年金资产占 GDP 的比重从 37.9% 缓慢上升到 63.7%，2003~2007 年迅速从 65% 上升到 114%，金融危机后又有所下降②。这一变化

① The Allen Consulting Group，"Australia's National Saving Revisited：Where do we stand now?"，Report to Investment & Financial Services Association，August 2007，p16.

② APRA，"Celebrating 10 years of superannuation data collection 1996~2006"，Insight，Issue 2，2007，p18.

趋势与居民净储蓄占 GDP 比重的变化趋势高度一致。

墨西哥的居民储蓄在改革前处于快速增长之中，这与包括养老金在内的旧福利制度的不健全有关。1997 年，个人账户改革提供了一个可以明确预期的积累渠道，为长期储蓄增加提供了激励机制，但短期内个人账户的替代效应很大，净储蓄率急剧下降。1997～2001 年，居民净储蓄占 GDP 比重从 19% 下降到 11%。但2001 年后，随着对个人账户税收优惠制度的完善和账户资金盈利性的提高，财富效应逐步显现，居民净储蓄占 GDP 的比重开始回升，经过几年平稳增长，到 2007 年达 17%（见图 5 - 2）。个人账户发展在 2001 年以后成为储蓄增长的重要原因，这可以从账户资产与居民净储蓄变动的高度正相关关系上反映。墨西哥养老基金资产占 GDP 比重从 2001 年的 4.28% 上升到 2007 年的 8.94%。由于金融危机的影响，2008 年和 2009 年分别下降为 8.27% 和5.95%①。2001～2009 年，墨西哥养老金资产占 GDP 的比重与居民净储蓄占 GDP 的比重变动趋势非常相似。

虽然总体上墨西哥的改革也促进了个人储蓄的增加，而且从净储蓄占 GDP 的比重看，养老金制度的财务可持续基础比澳大利亚好。但这主要与墨西哥的人口年龄结构相对偏轻和所处的经济发展阶段有关。实际上，墨西哥个人账户对储蓄的激励作用发挥得很不充分，养老金资产仅占 GDP 的 10% 左右，这与澳大利亚等国家差距甚远，提升空间很大。但在墨西哥的制度下无法实现，养老资产的增加中制度扩大覆盖面的作用有限，改革以来，个人账户没有有效覆盖自雇者和非正规劳动者，对经济活动人口的覆盖率仅从 1997 年的 33.4% 上升到 2009 年的 46.6%②。而且遵缴率

---

① http：//stats. oecd. org/Index. aspx? DataSetCode = SOCX＿ AGG，Pensions Indicators：Invidual pension funds' assets as a % of GDP.

② Carlos Herrera，"Towards stronger pension systems in Mexico：vision and proposals for reform"，in Pension reforms in Latin America Balance and challenges ahead，edited by José Luis Escrivá，Eduardo Fuentes and Alicia García-Herrero，Pensions & Insurance and BBVA Research，2011，p129.

不断降低，从 1998 年的 63.4% 下降到 2005 年的 37.6%[①]。这说明墨西哥的个人账户没有发挥预期的激励缴费进而提高储蓄的作用。虽然理论上个人账户本身没有财务可持续问题，但制度激励差，账户无法起到改革预期的作用，从而导致第一层次公共养老金负担的加重和财务不可持续问题。

三、老年劳动参与率变化

20 世纪 50 年代以来，绝大多数国家都出现了老年人口劳动参与率持续下降的现象。与这一现象伴随的是老年人健康状况的改善和预期寿命的提高，表明个人越来越倾向于作出提早退休的决定。而与个人提早退休决策倾向提高伴随的是公共养老金制度的不断完善和覆盖面的扩大。研究表明，PAYG + DB 的公共养老金制度是扭曲老年人劳动供给行为的重要原因，而在预期余寿增加的情况下，提早退休反过来又成为制度财务不可持续的重要因素。因此，提高老年人的劳动参与率是公共养老金制度改革的重要目标。特别是在引入 FDC 个人账户情况下，实际资金积累必须有相应的劳动供给相配合，否则积累资金的边际收益将下降。在出生率不断下降的条件下，激励延迟退休就显得尤为重要。本书将 55 岁及以上人口都称为老年人，并将其划分为两个群体：55～64 岁和 65 岁及以上。前者劳动参与率的变化反映抑制提前退休状况，后者劳动参与率的变化反映激励延迟退休状况。

从抑制提前退休的角度看，澳大利亚的超级年金及其配套改革取得了较好的效果，而墨西哥个人账户改革效果不明显。为扣除经济环境的影响，我们将 55～64 岁年龄人口与 15～64 岁劳动年龄人口的参与率进行比较来反映养老金改革的抑制提前退休效果。这样做的假设前提是，除养老金外其他因素对所有经济活动人口的影响总体上是一样的。1992～2009 年，澳大利亚 15～64 岁劳动

---

① 郑秉文、J. 威廉姆森、E. 卡尔沃：《中国与拉美社会保障比较：传统文化与制度安排》，载《拉丁美洲研究》2009 年第 1 期，第 3－12 页。

年龄人口的参与率从 72.9% 上升到 76.3%，仅提高 3.4%，而55～64 岁年龄人口的劳动参与率从 43.4% 平稳上升到 61%，提高幅度高达 17.6%，在同样的经济环境下，临近退休的老年人劳动参与提高程度更大，这应该与超级年金及其配套改革抑制了提前退休倾向有关。墨西哥在 1997～2001 年提前退休倾向有所提高，55～64 岁人口劳动参与率下降了 3.6%，而同期，15～64 岁劳动年龄人口仅下降 1.9%；2001～2009 年，随着过渡期集中退休高峰的过去，提前退休倾向有所降低，在此期间 55～64 岁人口劳动参与率下降了 2.5%，而 15～64 岁劳动年龄人口下降 1.8%。但1997～2009 年，墨西哥 55～64 岁劳动年龄人口的参与率从总体处于下降趋势，改革对提前退休不仅没有抑制反而有一定的激励作用。这就导致 55～64 岁人口参与率与澳大利亚形成一个"剪刀差"，2003 年前，墨西哥比澳大利亚高，而此后则刚好相反（见图 5-3）。

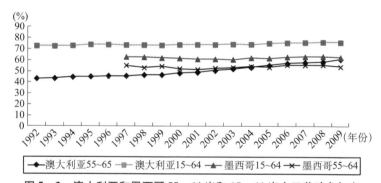

图 5-3 澳大利亚和墨西哥 55～64 岁和 15～64 岁人口劳动参与率

资料来源：OECD, Labour Force Statistics 2010, OECD Publishing, pp. 62 – 65 and pp. 234 – 235.

从激励延迟退休的角度看，澳大利亚和墨西哥改革的重点是增加储蓄，两国都是没有明确将激励达到法定退休年龄后自主延迟退休作为重点。但长期看，在人口老龄化的条件下，FDC 个人账户制度只有有效激励人们自主延迟退休，才能在增加储蓄的基础上促进产出增加，从而夯实公共养老金制度财务可持续的基础。

从目前状况看，澳大利亚的个人账户改革似乎促进了人们自主延迟退休，65 岁及以上人口劳动参与率从改革初期的 5% 左右不断上升到 2009 年的 10.1%，特别是 2004 年后增加的速度有较大程度的提高。墨西哥改革后 65 岁及以上人口劳动参与率总体呈现下降趋势，从改革初期的 32% ~ 33%，下降到 2009 年的 27.7%（见图 5 - 4）。但不能据此得出墨西哥个人账户改革抑制人们自主延迟退休的结论。原因包括：墨西哥毕竟还不是老龄化国家；目前达到法定退休年龄的群体在改革时多数都受到保护；经济发展程度比澳大利亚低。当然，个人账户设计不合理，激励作用差也可能是重要原因之一。

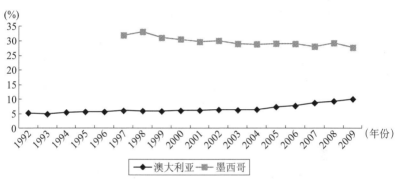

图 5 - 4 澳大利亚和墨西哥 65 岁及以上人口劳动参与率

资料来源：OECD，Labour Force Statistics 2010，OECD Publishing，pp. 62 - 65 and pp. 234 - 235.

第三节 澳大利亚和墨西哥个人账户改革对财务可持续作用差异的原因

20 世纪 90 年代，澳大利亚和墨西哥以不同的改革方式建立了 FDC 个人养老金账户，两国的改革都是将市场化运营的实账积累账户纳入公共养老金制度范畴，其基本目标都是通过个人账户的微观机理机制和公共物品私人提供渠道控制财政支出负担，增加储蓄和抑制提前退休，从而实现整个公共养老金制度的财务可持续。经过多年发展，两国的个人账户改革都在一定程度上实现了提高制度财务可持续性的目标。但从前一节的分析可以看出，澳大利亚的改革绩效比墨西哥相对好。这与两国个人账户运行的环境、制度设计及两者引起账户资金收益差异，引起的激励作用发挥程度不同有关。而这些差异又是植根于两国不同的金融监管方式和养老保障理念之中。

一、个人账户运行的环境条件差异

FDC 个人养老金账户的运行有效并发挥其激励作用的先决条件除"艾伦条件"外还有一些重要的先决条件。从公共部门看包括：养老金改革必须获得足够的政治支持、保持宏观经济稳定和有效调控能力；从私人部门看包括：较大规模的金融资产和债券市场、众多合格的养老基金管理运营和年金提供机构、完善的人口和收入信息。

（一）公共部门先决条件

首先，在养老金改革的政治支持上，虽然两国都通过了建立 FDC 个人养老金账户的立法，但澳大利亚的支持改革的力量比墨西哥大。澳大利亚在改革前超级年金就有很高的覆盖率，使新制度能够比较顺利地向自雇者和其他劳动者扩展，最终形成了一个统一的制度；墨西哥的改革遭到了人数虽少但力量强大的公共部门雇员和自雇者的反对，最终形成了一个碎片化的制度[①]。实践证明，统一的养老金制度比碎片化效率更高，更有利于制度的财务可持续。

第二，宏观经济稳定增长，有效控制通货膨胀是 FDC 个人账户资产保值增值，提高储蓄和劳动积激励，从而实现公共养老金

---

① 公务员社会保险和服务局在 2007 年才将改革部门现收现付制度变革为个人退休账户制度。

制度财务可持续的重要条件。澳大利亚 1992～2007 年平均增长率为 3.76%，多数年份都超过了 OECD 国家的平均水平；墨西哥的经济发展水平较低，其潜在的经济增长率应该较高，但实际并非如此，1997～2007 年，平均经济增长率为 3.63%，而且波动很大。通货膨胀对账户资金的实际投资收益及个人信心有很大的负面影响。澳大利亚改革后的十几年通货膨胀率仅为 4.5%，多数年份在 3% 以下，而墨西哥在改革初期的 1997～1999 年通货膨胀率在 15% 以上，到 2002 年后下降到 5% 以下，但也高于澳大利亚①。

（二）私人部门先决条件

第一，金融市场发展状况。个人账户积累的资产要通过金融市场投资才能实现保值增值，因此，金融市场发展程度是影响个人账户发挥激励作用的重要因素。澳大利亚的资本市场和私人债券市场高度发达，而墨西哥则相对落后。以股票市场为例，无论是深化程度还是流动性，澳大利亚都比墨西哥高。1988～2008 年，澳大利亚股票市值平均为 GDP 的 87.1%，股票交易价值平均为 GDP 的 54.9%；而 1997～2008 年，墨西哥这两个指标分别仅为 26.3% 和 7.67%。再以债券市场为例，1988～2008 年，澳大利亚私人债券市值平均为 GDP 的 28.7%，而 1997～2008 年，墨西哥平均仅为 11.7%②。

第二，从养老基金公司数目看，澳大利亚的市场竞争充分，而墨西哥则存在垄断。经过多年的兼并，到 2008 年，澳大利亚的零售基金、行业基金、公司基金、公共部门基金四类大型基金数目仍高达 505 个，而小型基金和自我管理基金高达 38 万多个，而墨西哥在改革时建立了 17 家专门养老金公司，最多时为 21 家，到 2010 年 6 月仅为 15 家③。

---

① http://stats.oecd.org/Index.aspx? DataSetCode = SOCX _ AGG, Dataset: Consumer Prices (MEI).

② Channarith Meng, Wade Donald Pfau, "The Role of Pension Funds in Capital Market Development", GRIPS Discussion Paper 10 – 17, October 2010, p14.

③ Australian Prudential Regulation Authority, "Annual Superannuation Bulletin", June 2008 (revised 10 February 2010), p25; AIOS, "Boletín Estadístico AIOS", No. 23, June 2010, p16.

第三，完善的人口及收入信息是实现个人缴费应缴尽缴的基础。澳大利亚的超级年金在 1992 年改革前私人管理和经营多年，有比较完善的人口及收入信息。墨西哥的制度是 1997 年后新建的，基金公司对计划成员信息几乎为空白。因此，缴费只好由政府机构征收后再分配。但由于墨西哥非正规就业人口比例很高，且由于制度设计不合理及人们有逃费逃税的传统，政府征缴机构实际上对缴费人口及收入信息掌握也不多。

二、个人账户建立方法和制度设计差异

许多学者和国际组织将澳大利亚和墨西哥的个人账户改革称为私有化改革。但两国建立个人账户的方法差异很大，墨西哥是典型的将公共养老金制度私有化，而澳大利亚只是通过立法将原本私人所有的自愿性制度部分改造成强制性制度。这是导致两国个人账户设计差异进而激励作用不同的源头。

（一）实际覆盖能力差异

澳大利亚的自愿性个人养老金计划在改革前已经相当发达，1992 年的改革把公共部门雇员统一进来，并通过向低于一定收入（2007 年为 5.8 万澳元）的低收入者和自雇者提供配比缴费激励其自愿参加。因此，澳大利亚是以私人部门超级年金为基础向其他部门扩展，逐步建立一个统一的制度。到 2008 年，超级年金制度实际覆盖了全职雇员的 96%、兼职雇员的 79%、临时性雇员和自雇者的 72% 和 73%[①]。

墨西哥 1997 年的个人账户是真正的公共养老金私有化，改革前自愿性个人养老金计划覆盖面很低，基础比澳大利亚差。为降低改革的政治反对压力，延续了长期存在的碎片化制度传统。公共部门雇员在 2007 年后才实行类似的制度，法律没有强制非正规就业者必须加入养老金制度或者向养老金制度缴费，全国就有近

---

① Bateman H and J Piggott，"Labour force participation of older workers in Australia and Japan：A tale of two pension systems"，UNSW Discussion Pape February 2008，p33.

1/4 的劳动人口因此被排除在养老金制度之外[①]。在私人部门，虽然改革后参保人数占经济活动人口的比重不断上升，从 1998 年的 34.5% 上升到 2010 年的 86.5%，但这并不能代表实际覆盖面。私人部门低缴费密度导致实际覆盖面比上述数据低。改革后遵缴率持续下降，实际缴费人数占参保人数的比例从 1998 年的 63.4% 下降到 2010 年的 33%，大量参保人不缴费现象降低了制度的实际覆盖面[②]。此外，墨西哥规定，在过渡期一代可以在退休前选择待遇给付方式，这会降低人们的缴费意愿，收入越低，逃费的倾向就越高。这使得过渡一代完全退休前是制约实际覆盖面扩大的重要因素。

（二）缴费率的差异

政府建立养老金个人账户要向人们传递自我养老和激励养老储蓄的信号。缴费率低意味着未来退休收入中账户积累的养老金作用较小，因而就不能起到相应的储蓄和劳动激励作用。墨西哥在 1997 年改革时面临着巨额的转型成本和较大的反对，缴费率和改革前一样，仍为 6.5%，加上政府的配比缴费也仅为 8.5%，在所有引入个人账户的国家中最低（见图 5 - 5）。改革后十几年来，该费率始终没有提高。这样低的缴费率对低收入者来说，个人账户的吸引力不大，其账户积累资金可能使他们得到和最低养老金差不多的收益，所以他们年轻时倾向逃费，年老时倾向提早退休。

澳大利亚最初的缴费率也仅为工资的 5%，但后来逐步将雇主缴费提高到 9%，雇员缴费也上升到 3%。总缴费率为 12% 的澳大利亚在引入个人账户国家中处于中等位置（见图 5 - 5）。澳大利亚没有最低养老金担保，基本养老金是家计调查发放的，加上政府对超过最低标准的缴费也在一定范围内给予税收优惠，超级年金

①　Carlos Herrera, "Towards stronger pension systems in Mexico: vision and proposals for reform", in Pension reforms in Latin America Balance and challenges ahead, edited by José Luis Escrivá, Eduardo Fuentes and Alicia García-Herrero, Pensions & Insurance and BBVA Research, 2011, p128.

②　AIOS, "Boletín Estadístico AIOS", No1, Semestre 1999, p18; No. 23, June 2010, pp. 5 - 7.

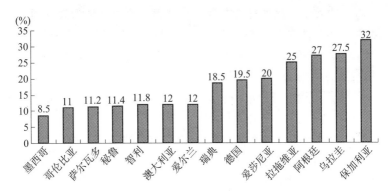

图 5 – 5   部分国家个人账户缴费占工资收入比重

资料来源: Héctor Sandoval, "Analysis of the Pension Reform in Mexico", SOA online paper, Dcember 2004, p25. http: //www. soa. org/library/research/actuarial-research-clearing-house/2006/january/arch06v40n1-xi. pdf.

APRA, "A Recent History of Superannuation in Australia", APRA Insight, Issue 2, 2007, p3.

成为退休收入保障中最重要的支柱。超级年金账户积累成为大多数人储蓄和退休决策的重要因素。

（三）个人账户投资组合和监管差异

澳大利亚和墨西哥的个人账户资产积累及未来养老金待遇与市场化投资收益密切相关。澳大利亚超级年金采取了积极投资策略，以追求投资收益率为主要目标，通过资产的配置在不同市场和不同金融工具间的分散保持流动性和安全性。从资产种类多样化看，资产在权益类和债券类、证券类、现金类和不动产类比较合理分配。以 2004 ~ 2006 年为例，国内外股票投资约占 55% 左右，较高的持股比例是保证收益的重要条件，国内外债券投资约为 15%，现金类投资为 7% ~ 9%，以应付流动性需求，另外，还有部分资产投向不动产。从资产国内国际市场分配看，国外股票和债券投资约占 40% 强，国内占 30% 左右（见表 5 – 2）。这样的投资组合既有利于账户资产的增值，也实现了风险在不同资产和不同市场间的分散。

表 5-2   澳大利亚超级年金基金默认资产配置   单位:%

资产类别	2004 年	2005 年	2006 年
国内股票	31	31.1	32
国外股票	22.8	23	24.5
上市不动产	3.2	3.1	3.1
非上市不动产	4.6	4.7	5.5
国内债券	12.1	10.8	9.6
国外债券	5.7	5.9	5.3
现金	7.9	9.4	7.6
其他	12.7	12	12.3

资料来源:APRA, "A Recent History of Superannuation in Australia", APRA Insight, Issue 2, 2007, p57.

墨西哥个人账户投资市场化程度很低,1997~2000 年,为了降低制度的风险,政府制定了非常严格的数量化监管规定,绝大部分资金投向墨西哥联邦政府债券,到 2000 年仍高达 96%。2000年后投资政策开始松动,允许投向国有企业、金融机构和地方政府债券,2004 年首次允许投资股票和外国债券,限额分别为 15%和 20%,并且推出两种基本投资组合 SB1 和 SB2,前者投资于国内固定收益证券和国外证券,适用于 56 岁以上群体;后者投资组合中加进了权益类成分,适用于 56 岁以下群体。2007 年,又进一步按照生命周期将投资组合分为五类,且所有投资组合均允许投资于国外证券[1]。但即便如此,墨西哥养老资金投资仍以政府债券为主,资产配置比较保守,到 2010 年,政府债券投资比重仍高达 66%,金融债券为 16%,股票投资仅为 13%,国外债券为 4%[2]。

在账户资产配置上,墨西哥与澳大利亚、智利等国家比,最

---

[1] Emma Aguila, Michael D. Hurd and Susann Rohwedder, "Pension Reform in Mexico: The Evolution of Pension Fund Management Fees and their Effect on Pension Balances", Michigan Retirement Research Center WP 2008-196, p11.

[2] David Tuesta, "A review of the pension systems in Latin America", BBVA Research Working Papers Number 11/15, April 2011, p12.

大的特点是本国政府债券比重较大，国内资产比重过大，而且这种资产配置结构是政府强制性数量监管而不是市场竞争的结果。墨西哥政府对养老金资产投资的过多限制，虽然有利于账户资产的安全，但对其收益产生不利影响，从而影响人们对个人账户的信任度和吸引力。鉴于此，墨西哥在 2000 年后已多次放宽投资限制，但数量化限制的基本特征没有改变，投资的市场化、国际化水平仍比大多数同样实行 FDC 个人账户的国家低。

三、个人账户运行的绩效差异

个人账户能否对人们产生储蓄和劳动激励作用除与缴费率高低有关外，主要取决于养老基金投资管理机构的治理绩效。衡量养老基金公司绩效的指标包括净投资收益波动性。

在市场化投资的国家中，基金管理人经常汇报的通常是总投资收益率。但不同的计划及不同的国家之间对总投资收益率进行比较意义不大。计划参保人关注并影响其行为的是净投资收益，即投资收益减去管理成本后的净值。净投资收益率对养老基金这样的长期资金来说至关重要。

澳大利亚对超级年金基金公司管理费和基金投资坚持审慎的监管原则，投资的市场化和国家化程度很高，基金投资呈高收益、高风险特征，营运成本比较低。据审慎性监管局的统计，除 2001～2003 年和 2008～2009 年因受经济和金融危机冲击净收益很低甚至亏损外，其他年份超级年金资产的净收益率基本在 7%～13% 之间，1997～2010 年，平均收益额高达 339 亿澳元；从风险上看，超级年金基金由于权益类投资和国际投资比重高，投资收益波动比较大，每次经济危机都对投资造成比较严重的冲击，特别是 2008 年金融危机导致了连续两年 7% 以上的亏损。从营运成本看，超级年金基金已经运行多年且竞争比较激烈，总成本占总资产的比重一直没有超过 1%；用每年净缴费流量占净投资收益的份额，即费用比衡量，1997 年以来基本在 7% 左右波动，低于同样实行实账积累个人账户市场化运营的大多数拉美国家（见表 5 - 3）。

表 5 - 3　　　　　　　　澳大利亚超级年金基金投资状况

年份	总资产 （亿澳元）	总成本 （亿澳元）	净投资 收益 （亿澳元）	净缴费 流量 （亿澳元）	总成本/ 总资产 （%）	净收益率 （%）	费用比 （%）
1997	2452. 57	20. 92	325. 25	168. 01	0. 85	13. 26	7. 19
1998	3210. 49	22. 71	225. 72	200. 99	0. 71	7. 03	6. 41
1999	3602. 80	25. 87	252. 65	326. 21	0. 72	7. 01	5. 27
2000	4114. 11	32. 74	408. 25	291. 61	0. 80	9. 92	7. 07
2001	4842. 23	35. 12	190. 41	255. 88	0. 73	3. 93	7. 01
2002	5190. 30	38. 65	- 91. 49	330. 43	0. 74	- 1. 76	7. 49
2003	5181. 00	40. 75	32. 72	328. 10	0. 79	0. 63	7. 62
2004	5468. 02	44. 63	686. 66	425. 80	0. 82	12. 56	7. 33
2005	6430. 41	52. 76	876. 16	417. 22	0. 82	13. 63	7. 66
2006	7628. 67	57. 29	1049. 52	517. 51	0. 75	13. 76	7. 43
2007	9062. 01	82. 21	1563. 94	1314. 21	0. 91	17. 26	5. 02
2008	11785. 70	75. 07	- 851. 76	602. 12	0. 64	- 7. 23	6. 44
2009	11328. 16	72. 77	- 984. 64	571. 95	0. 64	- 8. 69	6. 85
2010	10754. 37	78. 20	1076. 31	535. 03	0. 73	10. 01	7. 26

　　资料来源：APRA，"Celebrating 10 years of superannuation data collection 1996 ~ 2006"，Insight，Issue 2，2007，p23；APRA，Annual Superannuation Bulletin June 2010"，issued 19 January 2011，p28.

　　澳大利亚超级年金改革在成本控制和收益上做得比较好，在风险控制上尚需继续改革完善，但总体来看，超级年金对公共养老金制度财务可持续能力的提高发挥了较大作用。直观表现就是年金资产的迅速扩张，从 1997 年的占 GDP 的 37.9% 上升到 2006 年的 98.8%，到 2010 年包括主权养老基金在内的养老金资产高达 GDP 的 103%[①]。

---

　　① APRA，"Celebrating 10 years of superannuation data collection 1996 ~ 2006"，Insight，Issue 2，2007，p18；Towers Watson，"Global Pension Asset Study 2011：Executive summary"，February 2011，p18.

墨西哥对基金公司的投资限制比较严格，在 2004 年以前主要的投资集中在联邦政府债券上。由于基金规模小，政府尚可提供足够的债券，其实际投资收益率比较高，1999～2003 年年度平均为 9.56%，最高年份达 13.24%；2003 年自成立以来的实际累计收益率高达 30.8%。但是这种强制将大部分资金投向国债市场的做法既违反市场化的投资的初衷，使个人账户积累没有实现真正的资本化，以国债支撑的较高的收益是不可持续的。因此，2004年以后，开始允许权益投资和国际投资，并且根据生命周期推出五类投资组合。2005 年开始实行真正市场化投资以来，投资收益率较之前大幅下降，波动非常大。虽然与金融危机有关，但在资产组合中政府债券仍高达 65% 上的情况下，有如此大的波动表明墨西哥养老基金公司在市场化投资中还不太成熟（见表 5 - 4）。

表 5 - 4　　　　　墨西哥个人账户投资收益和费用情况　　　单位:%

年份	自成立以来投资收益		当年投资收益		总费用比	净费用比
	名义	实际	名义	实际		
1999	28.33	8.01	29.88	10.84	31	24.55
2000	29.14	8.99	19.54	9.39	28.4	14.85
2001	31.6	10.97	20.62	13.24	30.5	17.35
2002	30.48	10.57	11.34	6.15	41.7	23.46
2003	30.8	10.9	12.8	8.2	37.9	19.48
2004	na	na	na	na	36	17.18
2005	16.4	7.7	10.5	6	35.6	16.59
2006	15.6	7.5	9.1	5.7	34.1	14.71
2007	15.5	7.8	15.4	11	32.1	12.12
2008	13.9	6.4	-2.5	-7.3	na	na
2009	13.4	6	6.9	1.1	na	na
2010	13.6	6.4	17.8	13.5	na	na

资料来源：AIOS，"Boletín Estadístico AIOS"，Junio，1999～2007，No.1，pp.15 - 16；No.3，pp.22 - 23；No.5，pp.23 - 24；No.7，pp.24 - 25；No.9，pp.26 - 27；No.11，p27；No.13，pp.27 - 29；No.15 and 17，pp.28 - 29；No.19，p30；No.21，p29；No.23，p28。

　　在管理成本控制上，墨西哥与澳大利亚和其他拉美国家不同，国家主管机构负责统一征收，这又有利于降低征收成本。对基金公司征收管理费的标准在 2007 年以前没有明确的限制，可以以缴费、资产或两者结合及资金流量为基础征收，但绝大多数选择以缴费为基础征收[①]。由于政府从 2001 年后将没有选择基金公司的个人账户缴费分配给收益费用比最高的基金公司，各公司间的投资收益差距不大，因此竞争比较激烈，费用总体趋于下降。在拉美一般用净费用比即营运费用与缴费的比值比较管理成本。2001 年后，墨西哥养老基金公司的净费用比总体处于下降趋势，2001 年为 23.46%，2007 年为 12.12%，几乎下降了一半（见表 5-4）。但墨西哥养老基金公司的管理费用还是偏高，澳大利亚超级年金基金的平均净费用比仅为 7% 左右[②]。2008 年，墨西哥法律规定只允许以账户资产为基础征收。这使得养老基金管理公司有强大的动力由原来追求管理尽可能多的缴费账户转向追求更好地管理和增加这些账户中的资产从而获得更多收入。该收费方法最符合逻辑，收费与经纪佣金直接相关，但费用总额将不断增加，可能会激励已经积累了相当规模的人提早退休。

　　总体上看，墨西哥 1997 年引入个人账户的改革目前尚未起到应有的预筹资作用，直到 2010 年 6 月个人账户养老基金仅占 GDP 的 10.3%，不仅远低于澳大利亚，而且也低于大多数拉美国家[③]。如此低的水平无法实现提高公共养老金制度财务可持续能力的目标，这与墨西哥的缴费率、遵缴率低和净投资收益较低有关，但这些指标低本身就反映了个人账户制度的可信度、吸引力及对个人储蓄和退休决策行为的激励作用较弱。

---

　　① Emma Aguila, Michael D. Hurd and Susann Rohwedder, "Pension Reform in Mexico: The Evolution of Pension Fund Management Fees and their Effect on Pension Balances", Michigan Retirement Research Center WP 2008 - 196, pp. 22 - 24.

　　② APRA, "Celebrating 10 years of superannuation data collection 1996 ~ 2006", Insight, Issue 2, 2007, p23; APRA, Annual Superannuation BulletinJune 2010 (Issued 19 January 2011), p43.

　　③ AIOS, "Boletín Estadístico AIOS", No. 23, June 2010, p13.

第四节 小 结

当传统公共养老金制度由于人口结构、经济增长和福利膨胀而面临财务可持续危机时，长期存在于私人计划中的 FDC 个人账户养老金制度成为改革的选项之一。FDC 个人账户在 20 世纪 80 ～ 90 年代被许多国家引入公共养老金是因为其积累制或者资本化和 DC 属性在一定程度上具有优势。第一，这一时期大多数国家经济增长率与人口增长之和已经低于实际利率，现收现付制帕累托有效的条件已具备，理论上引入 FDC 个人账户是一个改进。第二，FDC 个人账户的资金积累可以提高储蓄、优化资产结构、提高金融市场效率，降低劳动市场扭曲，从而对经济增长产生积极影响。第三，FDC 个人账户有利于应对人口老龄化，积累制下每一代为其预期寿命的延长自己负责，限制了向下一代转移的可能性，但基金市场化投资和全球资产配置使账户资产分散风险、提高收益，还可能通过"间接进口"年轻国家的劳动力，从而增强个人储蓄和延迟退休的压力和动力。但在实践中，这些优势的发挥也存在局限性，受到改革前的养老金制度基础及隐性债务规模、政府维持宏观经济稳定和监管的能力、金融和资本市场效率和账户设计形式等多种因素的影响。

本章以两个进行了 FDC 个人账户改革的典型——澳大利亚和墨西哥为例。首先回顾了两国改革前的背景和基础，介绍了两国改革的基本措施，归纳了各自个人账户制度的基本特征。然后以公共养老金支出占 GDP 的比重、公共养老支出在政府支出中的份额、改革后居民净储蓄率和老年人的劳动参与率等为比较指标，研究两个国家公共养老金制度财务可持续能力的变化，结果是澳大利亚的改革明显促进了制度的财务可持续，个人账户的劳动和储蓄激励作用得到较好的发挥，但在金融危机中暴露出应对外部冲击能力的不足；由于个人账户设计缺陷、人口年龄尚且偏轻、政府宏观经济社会管理和金融市场效率都与澳大利亚有较大差距，墨西哥改革的效果相对较小，主要的问题是实际覆盖率偏低且在改革后不断下降，说明个人账户目前可能并没有成为人们储蓄和退休决策的主要变量。

澳大利亚的养老金体系总体架构是比较合理的，长期来看，个人账户的设计能够实现制度的财务可持续。主要的问题是应对金融危机能力的不足，市场化资产配置和国际投资总体上是合理的，但政府以强制缴费的形式建立超级年金，而没有提供任何专用避险工具是制度设计的重要缺陷，如果不加以解决，可能在未来会降低人们对超级年金的信任度，进而削弱其激励储蓄和延迟退休的作用。

墨西哥的个人账户制度先天基础不如澳大利亚，由于种种原因，导致制度设计不尽合理，导致的主要问题是覆盖率和遵缴率下降，基金管理和监管制度不太完善导致投资绩效较差。优势在于墨西哥目前人口结构仍然较轻，政府在 2005 年后对基金监管和投资做了较大的改进，2007 年又将公共部门纳入个人账户制度。未来个人账户在提高公共养老金制度财务可持续能力中发挥作用的空间还比较大。

第六章 个人账户改革对公共养老金制度财务可持续的作用——NDC实践

　　20世纪90年代初，瑞典和意大利的公共养老金制度面临相似背景。从养老金制度本身看，两国的人口老龄化都在加深，面临2015年左右的退休高峰；两国都是成熟的福利国家，公共财政都有平衡养老金制度财务收支的责任。从外部环境看，两国都受到了经济衰退和汇率危机的打击，都希望通过改革实现经济结构的长期平衡，而且都需削减财政赤字和债务水平。两国在改革前都建立了比较庞大的现收现付待遇确定型公共养老金制度，由于旧制度已经运行多年，改为实账积累的隐性债务非常高，因此，都选择了名义账户改革之路。但是，由于两国改革前的公共养老金制度基础不同、文化和利益博弈集团力量差异很大，在新旧制度过渡方式、个人账户及配套改革上出现较大差异。这是两国个人账户改革激励作用不同进而导致改革后公共养老金制度财务可持续能力出现较大差异的重要原因。

　　瑞典和意大利是名义账户改革的两个典型。本章首先回顾了两国个人账户改革前的背景和改革的内容；然后比较了改革后它们公共养老金制度财务可持续能力指标的变化；最后尝试总结了个人账户改革在促进公共养老金制度财务可持续上两个国家"同途殊归"的可能原因。

第一节 瑞典和意大利公共养老金改革概述

一、瑞典和意大利改革前的养老金制度及其财务可持续危机

改革之前，瑞典的公共养老金制度由基本养老金（folk pension）和收入关联养老金（ATP）组成。两个制度覆盖了老年人面临各类风险且福利待遇非常慷慨，养老金平均替代率约为 65%。基本养老金以 PAYG + DB 形式运行，其融资纳入财政预算，但也有一部分来自基本养老金工资税。收入关联养老金的资金运行采取 PAYG 形式，但待遇与退休前缴费积累关联，资金来源包括缴费和部分实账积累投资的收益。1995 年底，AP 基金（ATP 养老金中的实账积累部分）规模高达 5640 亿克郎，几乎是一年 ATP 养老金支出的 5 倍。这两类养老金的最低资格年龄为 61 岁，61 ~ 65 岁之间退休待遇要降低，66 ~ 70 岁之间退休待遇会相应提高[①]。瑞典公共养老金的缴费率为 19%，另外，还由一般税收向基本养老金提供工资收入 2% 缴费融资[②]。另外，瑞典还有比较发达的自愿性私人养老金，1995 年，包括 AP 基金在内的养老金资产占 GDP 的比重达 33.8%[③]。

在瑞典，人口老龄化和经济衰退对养老金的冲击出现的较早。1990 年，瑞典 65 岁及以上老年人口的比重高达 18%，是世界上老龄化最严重的国家之一，当时预计的退休高峰将在 2010 年开始出

---

① Eskil Wadensjö, "Work and Pension in Sweden", European Papers on the New Welfare, No. 9, February 2008, pp. 107 – 108.

② Göran Normann and Daniel J. Mitchell, "Pension Reform in Sweden: Lesson for American Policymaker", The Heritage Foundation backgrounder No. 1381, June 2000, pp. 3 – 4.

③ INVERCO-EFRP-GDP data-Eurostat, quoted in ETUi-REHS, Education, 2007, Social Protection in Europe. Guide for Eurotrainers, p 99.

现。经济上，瑞典在此期间也陷入困境，1990～1993 年，财政收支从盈余变为破纪录的占 GDP 的 12.3%，失业率从 1.7% 上升到8.2%，另外，还有 4%～5% 的工人参加公共资助的就业培训。宏观经济环境变化破坏了瑞典福利模式的两个前提条件：充分就业和稳定增长。结果是财政收入下降和退休人数增加，基本养老金财政负担加重，AP 基金资产规模也从 1982 年可支付 7.4 年 ATP养老金下降到 1992 年的 5.1 年[1]。到 1996 年，公共隐性养老金债务已经高到经济总量的 2 倍，瑞典政府预测，如果不改革，预计缴费率将从当时的 20% 上升到 2025 年的 36%[2]。

意大利在改革前已经建立了三支柱的养老保障制度：强制性养老保险 (MOB)，覆盖 60 岁及以上的男性、55 岁及以上的女性以及遗属和伤残养老金，以 PAYG + DB 形式运行；补充养老金，包括雇主或雇员封闭式养老基金或集合养老基金，大多数都是自愿性实账积累制度；私人年金保险和个人账户，这个支柱也是自愿性实账积累制度，但覆盖面很窄。与其他国家相比，意大利的养老金制度有 3 个特点：强制性养老保险在退休收入的比重过大；制度碎片化严重；养老基金积累极低，1995 年，养老金资产仅占GDP 的 1.7%[3]。

在引入名义账户前，意大利在 1992 年已经进行了一次"参量式"养老金改革。1992 年前，强制性养老保险的缴税率为26.4%，雇员和雇主分别承担 1/3 和 2/3，政府负责弥补可能出现的财务收支赤字。改革前，意大利的财政赤字高达 10.5%，其中，养老金补贴是主要原因之一。1992 年，公共养老金支出占 GDP 的比重高达 12.8%，当时测算到 2040 年将上升到 23.4%[4]。而要将

① Bonoli G., and Shinkawa T., "Aging and Pension Reform around the world: Evidence from Eleven Countries", Edward Elgar limted, 2005, p96.

② Göran Normann and Daniel J. Mitchell, "Pension Reform in Sweden: Lesson for American Policymaker", The Heritage Foundation backgrounder No. 1381, June 2000, pp. 3 - 4.

③ INVERCO-EFRP-GDP data-Eurostat, quoted in ETUi-REHS, Education, 2007, Social Protection in Europe. Guide for Eurotrainers, p 99.

④ Bonoli G., and Shinkawa T., "Aging and Pension Reform around the world: Evidence from Eleven Countries", Edward Elgar limted, 2005, p31.

强制性养老保险改成基金制，缴税率大约需要提高到 35% ~ 42%①。1992 年，改革的目的是打破多年的改革停滞局面，为建立公平的、简明的公共养老金制度提供基础，限制养老金公共支出上升，主要措施是提高退休年龄和改革待遇计算公式（见表 6－1）。由于人们对改革分歧严重，削减过度慷慨的福利并没有进入改革议程，而且各项改革措施渐进引入的时间达 10 年，而且大多数是对比较年轻的雇员才有效。因此，1992 年"参量式"改革后，公共养老金制度的财务平衡状况，特别是中短期支出压力仍然严重。1994 年，政府财政赤字高达 GDP 的 125%，这引起的货币贬值、通货膨胀及养老金待遇购买力下降甚至引起了严重社会骚乱②。在这种背景下，各派利益集团终于达成了养老金改革的共识。由此，1995 年的名义账户改革就如期而至了。

在人口老龄化、经济危机和养老金制度的财务不可持续性的内部压力以及加入欧洲货币联盟的财政赤字和公共债务负担要求的外部压力下，瑞典和意大利政府都将养老金改革提上政治日程。两国都选择 NDC 改革以解决公共养老金财务不可持续危机，并避免巨额的养老金隐性债务显性化。

二、名义账户改革措施概述

（一）瑞典的名义账户改革

瑞典议会养老金工作组在 1992 ~ 1994 年提出了激进的养老金方案，经过多次讨论、商讨和政党及利益集团的博弈，以该草案为基础的养老金改革法案在 1994 年正式通过。该法案规定了新养老金制度的基本内容并于 1999 年全面生效。养老金不断膨胀的财政支付压力是促成养老金改革的直接原因，保持公共养老金长期

---

① Alicia Puente Cackley, Tom Moscovitch and Ben Pfeiffer, "Italian Pension Reform", Prepared for the Urban Institute's International Conference on Social Security Reform, February 24, 2006, p4.

② Bonoli G., and Shinkawa T., "Aging and Pension Reform around the world: Evidence from Eleven Countries", Edward Elgar limted, 2005, p35.

财务可持续是改革的首要目标①。改革的其他目标包括：建立养老金待遇和贡献之间的对应性，促进养老金公平并激励劳动参与；优化再分配机制，集中资源用于贫困老人；通过市场机制为老龄化到来可能会耗尽的养老基金预筹资②。

1. 名义账户的缴费、记账利率和待遇计算。瑞典的公共养老金计划改革后由 DB 型现收现付制转化为名义账户（NDC）和实账积累制（FDC）结合的混合制度。两个账户缴费都是强制性的，在规定的最高限额和最低限额之间的收入称为缴费收入，总缴费率为 18.5%，其中，16% 进入名义账户，2.5% 进入实账积累账户。由于缴费收入要减去雇员缴纳的 7%，因此实际缴费 17.21%，分配到名义和实账积累账户，实际费率分别为 14.88% 和 2.33%。名义账户的记账收益率（income index）主要由实际社会平均收入决定，同时，考虑近期通货膨胀的影响。在待遇领取时，年金由账户积累金额除以年金除数（annuity divisor）得出。该除数以生命周期表为基础计算（因此包含男性向女性的再分配），另外，瑞典还在年金除数中加入一个 1.6% 的固定待遇调整指数。实际年金待遇根据工资增长率减 1.6% 再加通货膨胀计算③。

2. 财务自动平衡和工作激励机制。新养老金制度主体是名义账户，政府还通过当期缴费弥补养老金债务，资金流动主要还是现收现付制。由于以下原因并不一定能保证财务平衡：待遇与平均工资而不是工资总额增长率关联，无法反映人口老龄化导致劳动动力减少因素；事前预期寿命变动滞后实际变化可能导致年金计算可能过于慷慨、不确定外部冲击引起的实账积累账户和缓冲基金市场收益过低等。因此，政府在 2001 年引入自动平衡机制并

---

① Igor Guardiancich, "Current pension system: first assessment of reform outcomes and output", European Social Observatory Country Report: Sweden", Belgian Federal Public Service Social Security, May 2010, p1.

② Edward Palmer, "The Swedish Pension Reform Model: Framework and Issues", Pension Reform Primer, Social Protection Paper No. 0012, The world Bank, 2000, pp. 2 - 3.

③ Igor Guardiancich, "Current pension system: first assessment of reform outcomes and output", European Social Observatory Country Report: Sweden, Belgian Federal Public Service Social Security, May 2010, pp. 1 - 2.

与 1960 年就建立的为应对老龄化的缓冲基金共同保证财务可持续。自动平衡机制计算平衡率自动调整养老金待遇。平衡率＝（缴费的资本化现值＋缓冲基金）/养老金债务现值。只要平衡率大于或等于 1，制度财务就可持续，当平衡率小于 1 时自动平衡机制启动，账户资产积累记账利率将采用收入指数与平衡率的乘积计算，直到资产负债再次平衡。另外，瑞典对达到 61 岁法定领取年龄后，延迟领取待遇累进增加，例如，66 岁退休每月养老金比 65 岁退休增加 9%，而 67 岁退休比 65 岁退休增加 20%，而且缴费没有年龄限制，以此激励人们自愿延迟退休①。

3. 新旧制度过渡。瑞典的新旧制度过渡严格以年龄为原则。1938 年以前出生的人留在旧制度，1954 年以后出生的人完全采取新制度。1938 年出生的人退休时的福利待遇按照旧制度计算 80%，按照新制度计算 20%。以后到 1954 年之间出生的人，年龄每少一岁，旧制度比例减少 5%，新制度比例增加 5%②。

（二）意大利的名义账户改革

1995 年，意大利的养老金改革改变了制度的基本结构，引入了名义账户制。新改革的目标是通过加入精算平衡机制提高制度的公平性，矫正劳动市场扭曲，使养老金占 GDP 的比重控制在一定范围内。

1. 名义账户的缴费和记账利率。1995 年的改革将政府部门和私人部门的养老金制度统一起来，解决不同部门同样条件退休雇员的养老金待遇差异，并覆盖了自顾者。意大利的 NDC 制度与瑞典类似，个人将工资的 32.7% 计入 NDC 账户，雇主和雇员分别承担 23.81% 和 8.89%，账户积累按照 GDP 增长五年移动平均决定记账利率（见表 6 - 1）。

---

① Ole Settergren, "The Reform of the Swedish Pension System- Initial Results", RFAS No. 4 - 2003, pp. 389 - 390.

② Göran Normann and Daniel J. Mitchell, "Pension Reform in Sweden: Lesson for American Policymaker", The Heritage Foundation backgrounder No. 1381, June 2000, p6.

表6-1   意大利20世纪90年代养老金改革的基本特征

项目	改革前	1992 年改革	1995 年改革
退休年龄	男 60；女 55	男 65；女 60	57 岁及以上
养老金基准收入	最后 5 年平均收入	职业生涯平均收入	职业生涯其缴费（缴费积累按 5 年 GDP 移动平均增长率资本化）
养老金待遇	2% * （基准收入）*（缴费年数≤40）	2% * （基准收入）*（缴费年数≤40）	个人账户和记账收益积累；57～65 岁转换系数递增
最低缴费年数	15	20	57 岁退休缴费不低于 5 年
缴费率（雇主 + 雇员）	24.5%	27.1%	32.7%

资料来源：Alicia Puente Cackley, Tom Moscovitch and Ben Pfeiffer, "Italian Pension Reform", Prepared for the Urban Institute's International Conference on Social Security Reform, February 24, 2006, p9.

2. 财务平衡和工作激励机制。意大利的 NDC 账户的财务平衡机制有 3 个。账户积累以经济增长率为记账利率，在一定程度上考虑了人口结构变化的因素，控制了养老金支出占 GDP 比例的增长。养老金年金转化系数根据预期寿命和记账收益与经济增长差异每10 年修订一次①。个人可以选择在 57 岁以后任何时间退休，只要账户积累养老金年金超过社会救助福利的 1.2 倍。为鼓励延迟退休，养老金的年金转换系数在 57～65 岁按比例递增，且要求 57 岁退休缴费不低于 5 年（见表 6-1）。

3. 新旧制度过渡。意大利在新旧制度过渡上更多强调的是对既得利益的保护。1995 年凡是年龄超过 40 岁的雇员，其前期缴费获得的待遇仍按旧制度给付，NDC 制度只适合 40 岁以后职业生涯；对工作时间在 1995 年已经超过 18 年的雇员，无论年龄大小都

① 霍尔茨曼和帕尔默主编，郑秉文等译：《名义账户制的理论与实践：社会保障改革新思想》，中国劳动社会保障出版社 2009 年版，第 434 页。

留在旧制度；只有 1996 年以后就业的人才完全适用新制度[①]。这意味着意大利的过渡时期比瑞典长得多。

第二节　瑞典名义和意大利账户改革对财务可持续作用比较分析

一、公共养老金支出负担变化

世界上绝大多数国家的养老金改革均源于短期预算压力所引发的公共养老金制度的财务不可持续性。但无论如何设计制度，只要是立法强制实行的制度政府就要承担隐性担保责任，特别是在没有实际积累的 NDC 制度下。因此，控制公共养老金支出占 GDP 的比重和占政府支出的比重是检验制度财务可持续能力的首要显示性指标。引入 NDC 账户的目标就是通过强化精算机制强调个人养老责任，降低财政融资的再分配公共养老金的比重。如果 NDC 账户制度激励机制发挥良好，公共养老金支出和财政负担应该下降。

从公共养老金支出占 GDP 比重看，瑞典的改革控制了养老金公共支出负担的膨胀并使之有所下降，初步实现了改革的目标，而意大利的改革似乎加重了公共养老金负担。1995～2007 年，瑞典的财政养老金支出占 GDP 的比重从 8.2% 下降到 7.2%，除 2001 年和 2002 年因经济衰退小幅增加外，其他年份都处于下降趋势。意大利改革初期就从 1995 年的 11.3% 跃升到 1997 年的 13.8%，其后保持缓慢上升的趋势，到 2007 年高达 14.1%（见图 6 - 1）。本书的研究结果和 OECD 一致，据该组织测算，1990～2007 年，瑞典养老金支出占 GDP 的比重下降了

---

① Capretta James C., "Global Aging and the Sustainability of Public Pension Systems", Center for Strategic & International Studies, January 2007, p24.

6.8%，而意大利上升了38.9%①。

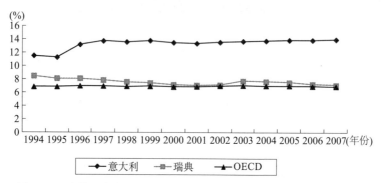

图 6-1 瑞典、意大利和 OECD 国家公共养老金支出占 GDP 的比重

资料来源：OECD. StatExtacts，http：//stats. oecd. org/Index. aspx？DataSetCode = SOCX_ AGG.

从公共养老金支出占财政支出比重看，意大利政府的负担比重比瑞典高得多，且在改革后大幅上升。2007 年，瑞典养老金支出占财政支出的比重为 14.1%，低于 OECD 国家 16.5% 的平均水平，而意大利在 1990 年就高达 19.1%，改革后不仅没有下降，而且进一步大幅上升，到 2007 年高达 29.4%，是 OECD 国家中最高的②。

从与 OECD 国家平均水平比较可以看出引入 NDC 改革国家公共养老金负担的相对变化。作为高福利国家典范的瑞典，公养老金支出在改革后逐步与 OECD 平均水平趋于一致，而意大利却在改革后渐行渐远。1994 年，瑞典和意大利公养老金支出占 GDP 的比重分别比 OECD 平均水平高 1.65% 和 4.69%，到 2007 年瑞典下降到 0.2%，而意大利却上升到 7.1%③。

需要指出的是，改革前无论是公共养老金支出占 GDP 比重还是财政支出的比重，意大利都比瑞典高，因此在改革后改进的空

① OECD，"Pensions at a Glance 2011：Retirement-income Systems in OECD and G20 Countries"，2011，p155.

② OECD，"Pensions at a Glance 2011：Retirement-income Systems in OECD and G20 Countries"，2011，p155.

③ OECD. StatExtacts，http：//stats. oecd. org/Index. aspx？DataSetCode = SOCX_ AGG.

间更大。但瑞典在NDC账户改革后，养老金公共支出负担上无论与改革前比较，还是与其他国家进行横向相对比较，都有较大程度的改善，而意大利在改革后则出现较大幅度的恶化。主要原因是两国名义账户及配套改革设计不同，本章第三节将详细分析。

二、居民净储蓄的变化

在人口老龄化条件下，无论哪种养老金制度，其待遇都需要未来产出增加提供基础。NDC个人账户虽然没有实际积累，但与基金制一样具有微观积累激励作用。在制度设计合理情况下，向账户缴费对其他储蓄的挤出就较小，净储蓄率就会提高。因此，居民净储蓄占可支配收入的比重变动反映了养老金制度财务可持续经济基础是否改善。

从改革前后的比较看，改革初期，两国的储蓄率都有大幅下降，意大利居民净储蓄占可支配收入的比重从1995年的17%下降到2000年的8.4%，瑞典同期从9.5%下降到4.8%。但随着改革的深入，进入21世纪后，瑞典储蓄开始止降回升，到2008年，居民储蓄占可支配收入的比重已高达12.1%，在OECD国家中名列榜首，而意大利则在2001~2002年反弹之后，不断下降，到2008年居民净储蓄占可支配收入的比重下降到8.6%，不足改革前的1995年的一半（见图6－2）。

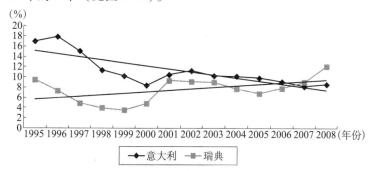

图6－2 瑞典和意大利居民净储蓄占可支配收入的比重

资料来源：OECD，"National Accounts at a Glance 2009"，OECD 2009，p31.

从两国的纵向变化趋势看，1995～2008 年，两国居民净储蓄占可支配收入的比重趋势线呈"剪刀"型。意大利在改革前比瑞典高，但前者长期趋于下降而后者则趋于上升，到 2007 年，两国地位发生逆转，瑞典国民储蓄占可支配收入的比重首次超过意大利，2008 年的差距进一步拉大。

随着人口老龄化的发展，养老金制度在个人储蓄决定中的作用应该相应提高，这样才能为产出增加进而实现制度财务可持续提供必要条件。世界银行曾指出："养老金改革的设计和实施必须有助于实现经济增长，……这就需要在制度改革时考虑附属目标，即在有利于增加国民储蓄……"[①]。因此，从为提高产出提供必要条件的角度看，瑞典的 NDC 及其配套制度改革在一定程度上实现了改革的激励国民储蓄的目标，改革是成功的，而意大利改革后国民储蓄长期处于下降，养老金制度财务可持续基础削弱，改革并未实现预期目标。

三、老年劳动参与率变化

人口老龄化的一个重要原因是人们预期寿命的提高，这是人类社会进步的结果，也是公共养老金制度财务不可持续的原因。但预期寿命的提高也为人们职业生涯的延长提供了条件。在传统的 PAYG + DB 制度下，延迟退休伴随着隐性税收，因此，公共养老金制度被认为是劳动市场扭曲的重要原因。引入 NDC 制度后，退休决策弹性增加，在制度设计合理情况下应该能够抑制提前退休并激励人们自主延迟退休。这一方面可以降低领取人数，而且在与非缴费福利协调的情况下还可以增加缴费人数，从而有利于制度的财务可持续。一般用中老年（55～64 岁和 65 岁及以上）人口的劳动参与率变动衡量养老金制度财务可持续能力的重要显示指标。

---

① 罗伯特·霍尔茨曼与理查德·欣茨等著，郑秉文等译：《21 世纪的老年收入保障——养老金制度改革国际比较》，中国劳动社会保障出版社 2006 年版，第 7 页。

　　从抑制提前退休角度看，瑞典 NDC 制度及其配套改革取得了较好的效果，而意大利的改革效果很不明显（见图 6 - 3）。纵向看，瑞典临近退休的老年人将参与率在改革前已经很高的基础上实现了进一步的上升，1994～2009 年，瑞典 55～64 岁人口劳动参与率从 66.5% 上升到 70%，提高 3.5%，同期，16～64 岁劳动年龄人口参与率从 79.2% 下降到 78.9%；横向看，与劳动年龄人口的差距仅为 10% 左右且大幅缩小。意大利 55～64 岁人口劳动参与率在 1994～2009 年也从 30.4% 上升到 37%，同期 16～64 岁劳动年龄人口参与率从 58% 上升到 62.4%。从纵向看，虽然意大利 55～64 岁人口劳动参与率提高幅度比瑞典大，但其基础较低，2009 年仅为 37%，这意味着 63% 的 55～64 岁人口在 65 岁前退休，应该有更大幅度的提高；横向看，意大利 55～64 岁人口劳动参与率比 16～64 岁劳动年龄人口低 25% 且没有缩小的趋势[①]。

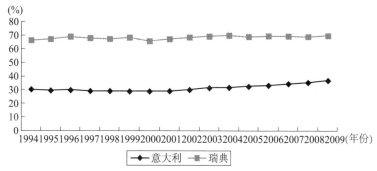

图 6 - 3　瑞典和意大利 55～64 岁人口劳动参与率

　　资料来源：OECD，Labour Force Statistics 2010，OECD Publishing，pp. 195 - 996 and pp. 314 - 315.

　　从激励延迟退休的角度看，瑞典改革效果也比意大利好。瑞典在改革立法通过前的 1994 年 65 岁及以上人口劳动参与率已高达 8.9%。由于新旧制度过渡，人们对新制度了解不够，此后，该群

---

　　① OECD（2011），Labour Force Statistics 2010，OECD Publishing，pp. 195 - 996 and pp. 314 - 315.

体劳动参与率不断下降，到 2002 年仅为 5.8%，达到谷底。但 2002 年以后，随着新制度的完善及人们对其了解提高，65 岁及以上人口又开始回升，到 2009 年上升到 9.2%。意大利 65 岁及以上人口劳动参与率比瑞典低得多，在 1994 年仅为 3.7%。改革后一直在3%~4%之间波动，到 2009 年降为 3.2%。从长期趋势看，瑞典 1994~2009 年 65 岁及以上人口劳动参与率曲线成"U"型，说明在经过几年过渡之后，新制度的劳动激励作用开始显现。而意大利 1994~2009 年 65 岁及以上人口劳动参与率曲线趋于向下倾斜，改革没有对延迟退休产生明显激励作用，甚至起了相反的作用（见图 6-4）。

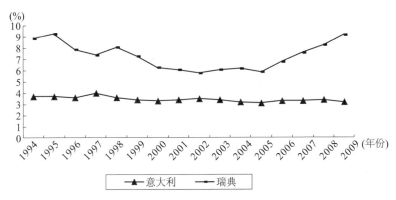

图 6-4　瑞典和意大利 65 岁及以上人口劳动参与率

资料来源：OECD, Labour Force Statistics 2010, OECD Publishing, pp. 195-996 and pp. 314-315.

劳动决策的因素很多，但对 55~64 岁临近退休人口和 65 岁及以上人口来说，养老金制度的激励机制肯定是最重要的因素之一，而 NDC 制度及其配套改革主要目的之一就是矫正劳动市场扭曲，抑制提前退休，激励自主延迟退休，这也是维持养老金制度财务可持续的重要途径。从前面比较中可以看出，改进空间较大的意大利改革效果反而比空间较小的瑞典差，因此，瑞典改革在激励劳动供给上达到了预期目标，而意大利尚需继续进一步优化制度设计，增强对中老年人口的劳动激励。

第三节　瑞典名义和意大利账户改革对财务可持续作用差异的原因

1994 年，瑞典通过了名义账户（non-financial defined contribution，NDC）养老金改革法案，一年后，意大利紧随其后，在 1995年也实行了名义账户改革。两国改革均在 1992 年开始启动，并几乎同时立法通过，从法案生效时间看，瑞典还比意大利晚。但十几年过后，瑞典的名义账户改革在劳动和储蓄激励上取得了长足的进展，养老金制度财务可持续能力显著提高，而意大利的老年劳动参与率和净储蓄率却大幅下降，养老金制度不仅没有实现自身财务的可持续，甚至成为引发政府债务危机的主要原因。两国改革背景相近，时间几乎同步，目的都是通过提高养老金制度的激励作用，降低财政支出负担同时实现制度财务可持续，为什么绩效会出现如此巨大的反差？笔者归纳的原因如下：认为主要是两国对福利制度遗产处理方式不同导致改革路径差异的。

一、新旧制度过渡方法和时间差异

引入 NDC 个人账户可以建立缴费和待遇的联系，锁定旧制度下养老金债务的不断攀升，因此，新旧制度的过渡方法和过渡时间至关重要。两国新旧制度过渡方法反映了对福利制度遗产处理方式的差异，并导致改革从一开始就走向不同的路径。瑞典的过渡方式倾向扩大覆盖面，尽可能增加向新制度缴费的人数，对旧制度下既得权益的保护相对较低。瑞典人是否进入新制度的标准是年龄，1938 年后出生的人必须加入新制度，对 1938～1953 年出生的人旧制度比例逐步递减，新制度比例逐步提高，1954 年后出生的人完全适用名义账户制度。瑞典对雇员在失业、育儿、伤残、服兵役以及接受培训期间由一般财政转移给予缴费，这使新制度的张力更大。意大利的过渡方式倾向保护既得利益和特权。意大利人是否进入新制度的标准是工龄是否超过18年，加入新制度的人在改革前的待遇按照旧制度计算，只有1996年后进入劳动市场的人才完全适用名义账户制度。

有学者对瑞典和意大利在新旧制度过渡中对既得利益的保护进行了模拟，结果见图6-5。从图中可以看出，瑞典只对在改革时年龄超过45岁的大龄工人的既得利益进行保护，在45~60岁之间，随着年龄的增加给予部分保护，只有改革时超过60岁才能完全留在旧制度，因此，在改革实行之日起新，制度就覆盖了绝大多数劳动者，其过渡方式合理。意大利对超过42岁的劳动者都给予100%的保护，这些人可以选择留在旧制度，对改革时在42岁以下的劳动者都给予普遍的保护，甚至改革时仅有24岁但已经就职的青年在退休时也可以按照旧制度福利公式获得2.5%的待遇。因此，意大利的名义账户在很长时间只覆盖一部分劳动者的一部分权益，过渡方式很不合理。

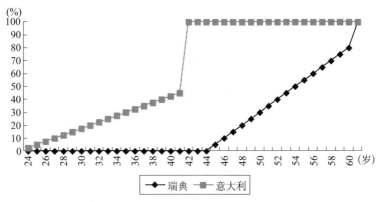

图6-5　瑞典和意大利新旧制度过渡中对既得利益的保护

资料来源：Agnieszka Chłoń-Domińczak, Daniele Franco and Edward Palmer, "The First Wave of NDC-Taking Stock Ten Years Plus Down the Road", Non-financial Defined Contríbution (NDC) Pension Conference in Stockholm December, 2009, p21.

过渡方式的差异决定了过渡时间的长短和制度扩大覆盖面张力的大小。意大利名义账户制度完全实行，覆盖到所有劳动者的时间比瑞典长得多。瑞典的过渡时间短意味着旧制度的缺陷得到迅速矫正,债务从改革之日起就得到控制,新制度的激励机制对大多数人发挥作用。而意大利的长过渡期延长了旧制度产生税负并传递给后来人的时期,名义账户覆盖率低,激励作用在很长时间无法发挥。

二、个人账户制度设计差异

(一) 名义账户记账方式和风险分摊不同

名义账户的记账方式和利率选择决定了其模拟实账积累账户的接近程度,进而影响个人账户的激励作用。瑞典的缴费率与计入账户的金额是一致的,明确了政府将公共养老金责任转向个人的决心,名义账户只是为个人设计了一个养老金储蓄机制,具有完全的精算中性而且与财政隔离,人们必须通过储蓄和劳动行为调整获取养老金待遇。意大利雇员缴率是 32%,但计入账户价值的是 33%,自雇者的缴费率是 15%,但计入账户价值的是 20%[①]。意大利记账价值大于缴费对减小逃费、扩大制度覆盖面有一定的积极作用。两者差额原则上需要从外部融资来维持制度财务稳定,但意大利并没有给出明确的资金来源。从长期看,这一差额弥补的渠道包括增加缴费、财政补贴或降低待遇,但这会使人们怀疑名义账户模拟积累的收益性、财务可持续性。

名义账户制度财务可持续原则上回报率的设定必须使制度资产在长期内等于制度负债的回报率,即缴费者的名义资本回报率等于养老金领取者的年金回报率。理论上,标准的名义账户制财务可持续必须满足如下条件:$\pi_j^R = (1 + \sigma_j)(1 + \lambda_j) - 1$,$\pi_j^L = (1 + \varpi_j)(1 + e_j) - 1$,$\pi_j^R = \pi_j^L$。其中,$\pi_j^R$、$\pi_j^L$ 分别是 j 年养老金年金回报率和名义资本回报率,ϖ_j、σ_j 分别是平均工资和养老

---

① 罗伯特·霍尔茨曼、爱德华·帕尔默,郑秉文等译:《养老金改革——名义账户制的问题与前景》,中国劳动社会保障出版社 2006 年版,第 268 页。

金待遇增长率，e_j、λ_j 分别是劳动人数和养老金领取人数增长率[①]。

在上述理想条件下，无论是宏观经济还是人口老龄化冲击的风险都在各代之间公平分摊，并及时矫正制度财务不平衡。但各国实际改革都在一定程度上偏离了理想状态，从而使名义账户的激励作用出现较大的差异。在瑞典，名义账户计划的成员账户获得的回报率是按人均名义缴费工资确定的，这与理想状态下账户收益率接近。养老金年金回报率 π_j^R 是由政府外生设定的，养老年金待遇增长率由下式决定，$\sigma_j = (1 + \pi_j^R) / (1 + \delta) - 1$，其中，$\delta$ 为 π_j^R 与 σ_j 的偏离值，政府设定为 1.6%。从上式可以看出，政府主要根据 π_j^L 设定 π_j^R，这样养老金待遇增长率实际上也主要由人均工资增长指数化的。因此，瑞典改革比较接近理想状态，对于人口老龄化带来的制度财务不可持续风险在各代之间比较公平的分摊。

在意大利，名义账户计划的成员账户获得的回报率与名义 GDP 增长率挂钩，在人口老龄化情况下，工资增长率理论上比 GDP 增长快，因此，账户资产回报率低于理想状态。养老年金增长率由下式决定：$\pi_j^R = (1 + \sigma_j) (1 + \delta) - 1$，其中，政府设定的 δ 值为 1.5%，σ_j 是外生决定的通货膨胀率。从上式可以看出，意大利政府负责保证养老金待遇增长率。这样的安排保证了待遇的购买力，但完全脱离了工资增长率这一物质基础。当养老金制度财务不可持续时由养老金账户收益率下降来弥补，因为按照历史经验，在发达经济体中，通货膨胀总体上超过经济增长，人口老龄化的冲击更多的通过经济增长的放缓将负担转移到当前缴费者身上。因此，意大利的名义账户更依赖调整账户实际收益率来维持制度财务平衡，其激励缴费和劳动供给的作用受到限制。

总之，瑞典的名义账户比较好地处理了老龄化成本的代际分摊，在制度财务不平衡时由缴费一代和养老金领取者共同承担，

---

① Sandro Gronchi and Sergio Nisticò, "Implementing the NDC Theoretical Model: A Comparison of Italy and Sweden", in Pension Reform Issues and Prospects for Non-Financial Defined Contribution (NDC) Schemes, Edited by Robert Holzmann and Edward Palmer, The World Bank, 2006, pp. 493 – 496.

账户或缴费和积累的预期收益比意大利高，其激励缴费和劳动供给的作用与理论上制度设计的初衷接近。

（二）关于退休年龄规定的差异

瑞典和意大利在引入个人账户制度时都实行了弹性退休的规定。瑞典规定的领取个人账户养老金的年龄为 61～67 岁，但随着退休年龄的延迟，账户积累资产转化为年金的待遇水平是累进性递增的，即使超过 67 岁后仍继续工作亦是如此。这表明瑞典并没有退休的上限，延迟退休没有隐性税收。意大利规定的领取个人账户养老金的年龄为 57～65 岁，其年金转换率的规定是根据 65 岁退休时的标准，对 57～65 岁的提前退休人员的待遇折减，这有利于抑制提前退休，但 65 岁后继续工作转换率也按 65 岁计算，这意味着在达到法定退休年龄上限后继续工作将支付较高的隐性税收，因此，意大利的个人账户不仅不能激励延迟退休而且具有很大的抑制作用。

三、配套改革设计差异

（一）储备基金

名义账户的运行建立在人们信心的基础上，考虑到二战后婴儿潮一代即将在 2010～2015 年进入退休年龄，养老储备基金的存在尤为重要。瑞典是唯一在引入名义账户制时有大规模储备资金的国家。1992～1995 年，收入关联养老金的积累资金（AP）尚能满足 5 年左右的待遇支付要求，这些储备缓解了制度财务可持续问题的时间压力，而且还可以将其用于支付向新制度转移的成本。由于 AP 基金变为中央预算资金，政府将其用于保证养老金及个人在失业、育儿、伤残、服兵役、接受培训期间无法缴费时由财政给予缴费，从而使瑞典的名义账户在赋予个人养老计划安排，改变激励机制的同时仍能保证改革前 18.5% 的缴费率[1]。如果出现劳

---

① Giuliano Bonoli，"Ageing and Pension Reform Around The World：Evidence from Eleneve Countries"，Edward Elgar Publishing Limited 2005，p111.

动力负增长，储备基金可以在一定程度上抵消劳动力负增长对费基和缴费资产的影响，帮助制度财务向着持续负平衡的方向发展。因此，瑞典由于在改革时有大量的积累基金，政府的承诺保持缴费率稳定和财务可持续的承诺可信度高，新制度的激励机制能够很好地发挥。意大利没有储备资金，在引入名义账户后，未来劳动力负增长的影响必然更加依赖缴费率的提高。但意大利在1995年的缴费率已经高达33%，名义账户制缴费的收益及未来养老保障可靠性必然受到质疑。此外，与瑞典缴费等于记账不同，意大利为增加名义账户的吸引力，个人缴费低于记账金额，这一措施使得没有资产担保的隐性债务更大。

(二) 自动平衡机制

在 FDC 个人账户中，通过缴费及其市场化投资获得退休金待遇，制度的财务自动平衡。但在 NDC 个人账户中并没有真正的资金积累，人口老龄化仍会威胁制度的财务可持续性。瑞典设计了一个巧妙的自动平衡机制，保证了未来的养老金待遇负债不会超过缴费资源的规模。如前文所述，记账利率为工资增长指数和平衡率的乘积。当人口寿命增加或经济增长较慢时，记账利率自动下降，不需要任何政治干预和财政转移，这样做的好处包括避免了政治操纵风险；制度透明，个人对于自己安排养老金计划预期明确；财务收支不平衡被及时消除不会累积为不可持续风险。意大利没有财务自动平衡机制，记账利率是 5 年 GDP 移动平均增长率，反映预期寿命变化的转换率每 10 年才修订一次①。意大利的财务平衡机制在外界压力下很容易引起政治干预和操纵；调整跨期过长无法及时反映并纠正短期财务收支失衡从而积累为长期财务不可持续；更重要的是，个人对名义账户的积累和将来的养老金待遇无法形成明确的预期。因此，与瑞典相比，意大利名义账户财务可持续的能力较低，人们对其信任度也就较小，这进而影响其对个人缴费和劳动的激励，而激励作用小反过来又影响未来

---

① 2007 年以后改为每 3 年修订一次。

的财务可持续。

（三）名义账户与其他养老金账户的协调

瑞典和意大利的养老金制度都是多支柱的。公共养老金制度引入的 NDC 账户虽然承担主要的退休收入保障，但与之配套的其他退休收入保障措施对 NDC 账户改革的劳动和储蓄激励机制有很大影响，进而使养老金制度财务可持续性和公共支出负担表现出较大差异。

首先是 FDC 个人账户差异。在瑞典，收入的 2.5% 向强制性 FDC 账户缴费，这些资产由预筹养老金管理局（PPM）监管，目前有 600 多个基金管理机构参与竞争。2003 年起实行自我管理投资，对没有做出选择的个人，预筹养老金局提供默认资产组合投资，投资由基金公司市场化运营，资产配置主要为国内外股票。因此，公共养老金并不是一个纯粹的 NDC 制度。虽然这种账户缴费只占缴费额的 15.5%，但以国际股票投资为主的资产配置模式也有利于积累的增值，在一定程度上增加储蓄。而意大利的 FDC 账户缴费是自愿的，政府只是给予一定的税收优惠，严格讲并不是公共养老金制度。

其次是职业或自愿养老金发展差异。瑞典的私人职业或自愿养老金计划从 20 世纪 70 年代以来得到高度的发展，覆盖率在 90% 以上，而意大利在名义账户制改革时私人养老金计划覆盖率极低，到 2008 年也仅为 20.1%（见表 6-2）。按照 OECD 的公式计算，瑞典和意大利平均收入劳动者养老金替代率分别为 62% 和 68%，但在瑞典，9% 由强制性 FDC 制度提供，15% 由私人养老金计划提供，而意大利几乎完全依靠 NDC 制度[①]。由于私人养老金计划发展滞后，意大利必须使名义账户承担更高的收入替代责任，相应的公共养老金制度的缴费率就高，这使得私人计划的发展空间收到挤压。反过来，私人养老金计划发展滞后加重了以 PAYG

---

① Agnieszka Chłoń-Domińczak, Daniele Franco and Edward Palmer, "The First Wave of NDC-Taking Stock Ten Years plus Down the Road", Non-financial Defined Contríbution (NDC) Pension Conference in Stockholm December 2009, p34.

形式运行的公共养老金制度在退休收入保障中的责任。瑞典的名义账户在退休收入保障中份额低，政府保证承诺及其制度财务可持续的难度较低，制度的可信度高。意大利在改革时没有相应降低公共名义账户的替代率和缴费，这又进一步抑制了以实际积累为主体的私人养老金计划的发展，政府保证名义账户承诺及其制度财务可持续的难度大，制度的可信度低。因此，瑞典人更有可能将 NDC 账户和其他个人账户一样视为养老储蓄机制，其激励储蓄和延迟退休的作用大，而意大利人则更有可能期望通过政治压力获得退休收入保障，而不是改变自己的储蓄和退休决策。

表 6-2　　　　　瑞典和意大利养老金个人账户比较

国家	NDC	FDC	职业或自愿计划
瑞典	强制，费率16%	强制，费率2.5%	覆盖面超过90%
意大利	强制，费率33%	自愿	起初极低，经过缓慢发展，2008年约为20.1%

资料来源：Agnieszka Chłoń-Domińczak, Daniele Franco and Edward Palmer, "The First Wave of NDC-Taking Stock Ten Years Plus Down the Road", Non-financial Defined Contribution (NDC) Pension Conference in Stockholm December, 2009, p18.

（四）工作间断的"视同"（imaginary）缴费差异

瑞典对雇员在失业、育儿、伤残、服兵役以及接受培训期间由一般财政转移给予缴费。意大利则没有视同缴费规定配套。表面上看，瑞典的财政负担重，但实际上，意大利的长期财政支出负担更重。意大利财政没有间断缴费群体，虽然从短期看可以降低财政支出，但长期看会增加财政支出负担，因为如果由于间断缴费导致 NDC 账户积累不足，在他们退休时就会有较多的人需要完全财政融资的养老救助补助。此外，完善的视同缴费措施使瑞典的 NDC 账户制与其他福利制度的协调性好，保证短期间断缴费群体有完整的较长的缴费记录，这都有利于 NDC 账户制缴费和劳动激励。

（五）制度透明度和养老金金融教育差异

名义账户改革是新生的事物，必须通过一定的机制使人们了解其特点和运行机制才能发挥其激励作用。瑞典在名义账户正式实行的前三年通过各种媒体宣传了新制度的运行机制，此后每年向每个参与人寄送"橙色"信封除进一步解释新制度运行机制和运行状况外，详细汇报了每个参与人在 61 岁、65 岁和 67 岁退休时的理论养老金额。意大利政府不仅在改革前没有详细宣传名义账户的运行机制，改革实行后制度的透明性较差，官方没有向参与人提供个人账户记账积累的详细信息，人们不清楚养老金账户记账积累和未来待遇的关系，因此，也就很难对个人养老储蓄和劳动供给行为产生影响。

四、改革的起点和改革外部环境压力的差异

（一）改革起点

瑞典的公共养老金制度长期被视为社会民主主义桂冠上的明珠。虽然二战后公共养老金制度支出不断增加，但财务可持续危机仍然只是潜在的。1992 年，公共养老基金仍高达 5120 亿瑞典克朗，约为 GDP 的 35%[1]，名义账户改革具有很强的前瞻性。由于瑞典的公共养老金制度是统一的，制度财务不可续的危机对各个利益相关方的影响基本一致。在 20 世纪 90 年代早期就形成了必须通过改革加强缴费与待遇之间的联系并使养老金制度与经济状态一致，以保持制度财务可持续的共识，而没有出现长期的利益博弈和冲突。经过 1994～1998 年对旧制度的广泛研究和检查，名义账户及其配套改革措施都基本按照经济及人口结构变动加以设计，权衡各方面利益和风险分担，体现了广泛的社会合作，以名义账户制为核心的公共养老金制度得到非社会民主党和社会民主党、缴费一代和养老金领取一代的共同支持。因此，瑞典的改革貌似激进，但实际比较稳妥。其改革措施与理想状态十分接近，人们比较信任制度的财务可持续能力，对制度的预期明确，从而有利

---

[1]　Giuliano Bonoli，"Ageing and Pension Reform Around The World：Evidence from Eleve Countries"，Edward Elgar Publishing Limited 2005，p94.

于发挥名义账户制改革对缴费和延迟退休的激励作用。

意大利凭借二战后快速经济增长带来的充裕财政收入，扩大了覆盖面，福利待遇越来越慷慨。但意大利是一个合作主义、非法律化主导的社会，表现为中央政府软弱，工会利益集团力量强大。在这种背景下，公共养老金制度高度"碎片化"，利益博弈竞争激烈。政府在战后将基金制改为现收现付制的初衷是再分配，但在各工会和政府博弈中将其变为了一个初次分配的手段。分属于不同制度的雇员及其所属工会以其选票向政府交换待遇提高并阻止对其的改革。政府的养老金改革决策很少建立在经济和财政分析预测基础上，典型的例子是 1956 年在公共部门引入并在 1965 年扩展到所有部门的资历养老金（senirity pension），这使得公共部门和私人部门的雇员分别在工作 20 年和 35 年后退休而不管其年龄大小。结果是在 1992 年改革前，意大利的公共养老金制度不仅过于慷慨、成本高昂，而且各类计划按照行业条块分割，都有不同的资格条件和待遇标准①。意大利的制度遗产决定了其名义账户制度实行必须向既得利益者和养老金领取者做更多的妥协，其改革措施与理想的名义账户制差异很大就不足为怪了。

（二）改革外部环境压力

如前文所述，瑞典的公共养老金制度在名义账户改革之前也面临人口老龄化和福利膨胀带来的潜在财务不可持续风险，改革的压力和动力主要是基于公共养老金制度的内在缺陷以应对潜在的财务不可持续挑战。在意大利，维持公共养老金制度财务可持续自然是改革的动力之一，但是加入欧洲货币联盟（EMU）的外部压力也是重要的动力。在 20 世纪 90 年代初期，意大利财政赤字为 GDP 的 11.7%，公共债务占 GDP 的 97.1%，而 1992 年《马斯特里赫特条约》规定，加入 EMU 这两个指标不能超过 3% 和 60%②。意

---

① Ibid，p25.

② Alicia Puente Cackley，Tom Moscovitch and Ben Pfeiffer，"Italian Pension Reform"，Prepared for the Urban Institute's International Conference on Social Security Reform，February 24，2006，p6.

大利的公共养老金改革很大程度上是为满足加入 EMU 而被迫进行的，所以名义账户及其配套改革措施设计仓促，向既得利益者让步过大，缺乏严肃性。这是意大利名义账户制偏离理想状态的，从而对缴费储蓄和劳动激励作用较小的原因之一。

第四节　小结与展望

名义账户制是 20 世纪 90 年代的社会保障领域的重大创新。虽然目前引入的国家只有七个，但该制度为社会保障制度改革提供了一个崭新的思路。众多学者关注其对不同国家实用性和可行性的研究。名义账户之所以引起学者和捷克、中国等众多国家兴趣，是因为它克服了一些 PAYG + DB 和 FDC 养老金的缺陷。首先，避免了 PAYG + DB 向 FDC 转变的转型成本，但加强了缴费与待遇的联系，具有较好的激励机制；其次，采用名义账户制克服了金融市场规模小、资本市场不发达的约束。但在实践中，名义账户并不一定能够发挥上述优势。在第四章的多国分组实证研究中，已经证明名义账户改革并不是解决公共养老金制度财务可持续的灵丹妙药。名义账户发挥作用要受到改革初始条件、账户及配套制度设计形式、过渡方式、宏观经济及劳动市场状况影响。

本章首先回顾了两个典型的实行名义账户国家——瑞典和意大利的改革背景和内容，总结了各自个人账户的特点，为后面的比较分析做准备。然后以公共养老金支出占 GDP 的比重、公共养老支出在政府支出中的份额、改革后居民净储蓄率和老年人的劳动参与率等为比较指标，研究两个国家公共养老金制度财务可持续能力的变化。结果是，瑞典基本实现了改革设定的目标，个人账户对激励缴费储蓄、抑制提前退休和激励延迟退休上都有明显的促进作用，而意大利的改革基本上没有实现改革前设定的目标，个人账户的可信度较低。最后，回归改革前的背景和改革细节，尝试从源头探索两国在引入基本相同的名义账户，但在提高财务可持续能力上差异巨大，甚至"同途殊归"的原因。本书认为，由于改革前的制度遗产不同，在新旧制度过渡方式、记账利率和待遇增长确定方式、配套改革措施和改革的国际国内环境的差异导致两国在改革之初就走上了不同的道路，从而导致个人账户的可信度和激励作用出现很大差异。

瑞典的个人账户改革总体上促进了制度的财务可持续，但也存在一些问题，需要进一步改革。第一，自动平衡机制首次出现负的记账利率。2008 年的金融危机使得缓冲基金投资损失 21.3%，尽管缴费资产增长使缴费总资产增长 5.9%，但总负债增加了6.2%，因此平衡率约为 0.97%，这意味着名义账户资产将以－3% 的利率记账。2009 年为平衡率 0.9549%，名义账户继续保持负利率。在 2010 年自动平衡机制启动，名义账户以－4.5% 计息①。这可能影响人们的信心和个人账户的激励作用。第二，与第一层次养老金的协调有待改善。第一层次养老金只要起再分配作用，在瑞典以家计调查方式发放，当 NDC 个人账户超过平均收入的一定比例，就失去获取福利的给付资格。但是瑞典第一层次养老金非常慷慨，限制了中低收入者的缴费和延迟退休的积极性。这是瑞典名义账户激励作用少有的不如意大利的地方。据测算，在瑞典，收入为平均收入的 50%、75%、100%、125% 和 150% 的人要想使 NDC 账户提供的养老金达到养老救助的官方替代率标准分别需要缴费 44.9 年、30.2 年、22.5 年、18 年和 15 年，而在意大利，分别仅需要 22.2 年、14.8 年、11.1 年、8.9 年和 7.4 年②。因此，从再分配养老金角度看，瑞典过于慷慨的保证养老金对NDC 账户激励作用的限制比意大利高。

---

① Swedish Social Insurance Agency, "Orange Report-Annual Report of the Swedish Pension System 2009", 2010, p39.

② Angelo Marano, Carlo Mazzaferro and Marcello Morcian, "The strengths and failures of incentive mechanisms in notional defined contribution pension systems", Paper for the Espanet Conference "Innovare il welfare. Percorsi di trasformazione in Italiae in Europa" Milano, 29 Settembre-1 October 2011, p12.

　　意大利的名义账户改革到目前并没有从根本上提高公共养老金制度的财务可持续能力，1996 年以来，没有对制度设计的缺陷进行实质性修正，沿着目前的制度走下去，改革的公平性和财务可持续性都受到威胁。目前，意大利深陷主权债务危机之中，过度慷慨的养老金制度是重要诱因之一。因此，未来可能需要纠正 1995 年改革的制度设计不足，提高个人账户的可信度和激励作用。

第七章 国外公共养老金个人账户制改革的经验教训及对中国的启示

　　正是个人账户从理论上具有良好的激励机制，在一定程度上可以克服传统 PAYG + DB 养老金制度下福利膨胀倾向和对个人储蓄和退休行为的扭曲，20 世纪 80 年代以来，在公共养老金制度中引入个人账户的国家越来越多。但如前文所述，个人账户改革是在一定条件下才能发挥其限制促进财务可持续能力的作用。他山之石可以攻玉，下面我们首先用 SWOT 分析框架，以第四章和第五章案例总结国外 FDC 和 NDC 个人账户改革的经验教训；然后回顾中国"统账结合"结合制度改革的渊源、历程，分析中国公共养老金制度保持财务可持续面临的特殊的优势、劣势、机遇和挑战；最后参考国际经验，结合国情，提出中国进一步改革的建议并得出全书结论。

第一节 国外公共养老金个人账户制 改革的经验教训

　　SWOT 由优势（strength）、劣势（weakness）、机会（opportunity）、威胁（threat）这四个单词的首写英文字组成，是一种为决策情境提供系统方法和支持并分析内外部环境的常用工具。SWOT 分析虽然常用于企业竞争对手分析和战略制定，但也可以用在非盈利性组织之中。在企业竞争中长期利润最大化是决策的目标，而公共养老金制度改革决策的目标是在保持一定替代水平下的财务可持续。与企业战略分析不同，公共养老金制度改革只能采取SO战略，不能回避威胁和挑战，换言之，引入个人账户，必须利用优势、克服劣势、抓住机会，才能发挥其潜在的激励作用进而应对人口老龄化引起的现实或潜在财务不可持续威胁。下面将公共养老金体系当作一个非盈利性组织，运用SWOT分析框架，总结本书四个案例国家的经验教训。

一、澳大利亚改革前后个人账户运行环境 SWOT 分析（见表 7-1）

1. 优势分析。改革前的优势是：只有家计调查的公共养老金制度；自愿超级年金发展时间较长，金融市场积累一定的养老基金；在盎格鲁—撒克逊的审慎性监管传统下，资本市场比较发达；政府的监管效率高。改革后家计调查资格条件提高，但福利水平也有提高，优势持平，其他改革前的优势在引入个人账户后随着资金规模的上升和激烈的竞争，优势都有所加强，政府的监管和服务水平也在实践中不断完善，特别是推出主权养老基金——未来基金更是强化了制度财务可持续的能力。

2. 机会分析。改革前的机会是经过 20 世纪 80 年代的多次改革和博弈，澳大利亚社会就引入强制性个人账户已达成共识；改革公共养老金财政支出占 GDP 的比重，制度财务状况尚好的状况提前采取行动，在人口老龄化高峰到来前还有较长的积累期。改革后，澳大利亚基本养老金坚持家计调查既控制养老金财政支出，又使人们明确超级年金个人账户在养老保障中的作用，政府又通过立法强制和配比缴费及税收优惠政策扩大了超级年金的覆盖面，将非正规劳动者覆盖进来，在很短的时间内基本实现了全覆盖。

3. 劣势分析。改革前的劣势是已经进入老龄化、社会化；储蓄率在改革前 30 年处于不断下降之中；自由主义思想深，对强制性公共养老金制度推行阻力较大。通过老龄化的宣传和政府与工会，政党之间的谈判和协调，在 1992 年改革时对超级年金强制缴费已经获得多数人的支持，在改革后，由于个人账户及其配套改革措施强化了，个人缴费储蓄率开始止跌回升，提前退休也得到抑制，人口老龄化导致的劳动人口比例下降被老年劳动参与率提高抵消。

4. 威胁分析。经过 1992 年引入强制性 FDC 个人账户改革，澳大利亚避免了改革可能出现的公共养老金制度财务不可持续危机。

表 7 - 1　　　　澳大利亚 FDC 个人账户改革前后 SWOT 分析

改革前		改革后	
S（优势）	**W（劣势）**	**S（优势）**	**W（劣势）**
1. 再分配养老金目标定位	1. 老龄化程度较高	1. 再分配养老金目标定位（→）	1. 老龄化程度高（↓）
2. 金融市场效率高	2. 储蓄率低	2. 金融市场效率高（↑）	2. 储蓄率低（↓）
3. 私人或职业养老金发达	3. 自由主义，强制性制度推行难度大	3. 私人或职业养老金发达（↑）	3. 自由主义，强制性制度推行难度大（↓）
4. 政府管理效率高		4. 政府管理效率高（↑）	
		5. 公共养老基金（↑）	
O（机会）	**T（威胁）**	**O（机会）**	**T（威胁）**
1. 基本一致的改革共识	制度潜在的不可持续危机	基本一致的改革共识（↑）	制度潜在的不可持续危机（↓）
2. 养老金财政支出负担较小，改革是未雨绸缪			

注：→表示变化不明显；↑表示强化；↓表示削弱。

二、墨西哥改革前后个人账户运行环境 SWOT 分析（见表 7 - 2）

1. 优势分析。改革前，由于包括养老金制度在内的社会保障制度不完善，墨西哥的储蓄率和老年人劳动参与率比较高，这与墨西哥经济和社会保障制度相对落后有关，但对个人账户改革而言是优势；另一重要优势是墨西哥在改革前人口结构较轻。改革后，由于制度设计不尽合理，基金收益较低，导致遵缴率下降，实际覆盖面没有像预期的一样提高。净储蓄率比改革前大幅下降，老年人劳动参与率也和改革前差不多，人口老龄化趋势开始显现。总之，墨西哥个人账户改革的优势不仅没有强化，反而由于账户及其基金运行绩效较差而有所削弱。

2. 机会分析。改革前，受当时新自由主义经济思潮和智利等其他拉美国家社会保障私有化影响，个人账户改革的阻力较少；墨西哥当时刚刚加入北美自由贸易区，经济增长预计会加速；养老金财政支出负担较小，及早改革可以避免欧洲国家的成本比福利相对低。由于设计缺陷及其他原因，个人账户的优势没有有效发挥，目前继续改革加以完善的机会仍存在，但不如 1997 年。

3. 劣势分析。改革前墨西哥养老金制度主要不足是：碎片化严重，不仅存在私人部门和公共部门两种不同制度，而且不能有效覆盖非正规部门雇员和自雇者；私人和职业年金规模小，缺乏拥有养老金资产管理经验的基金公司；金融市场规模小，效率低，基金积累保值增值困难；政府宏观经济管理和监管能力不足。墨西哥更适合引入 NDC 个人账户而不是 FDC 个人账户。由于公共部门雇员和自雇者的反对，个人账户改革不包括这两群体。2007 年，公共部门才引入个人账户，而自雇者仍是自愿加入。目前，制度碎片化程度较改革前有所降低，但尚需进一步统一。改革后，FDC个人账户积累一定的资金，目前约为 GDP 的 11% 左右，但由于缴费率和投资收益率较低以及遵缴率低导致的实际覆盖率没有提高，甚至有所下降。由于金融市场规模和效率约束，改革后很长时期养老基金主要投向国债市场，基金公司的管理能力和政府监管经验提高有限。

4. 威胁分析。1997 年的个人账户改革锁定旧制度的隐性债务，但个人账户激励作用没有有效发挥，随着人口老龄化的加深，公共养老金制度面临的潜在财务不可持续挑战逐渐显现。

表7-2　　　　墨西哥 FDC 个人账户改革前后 SWOT 分析

改革前		改革后	
S（优势）	**W（劣势）**	**S（优势）**	**W（劣势）**
1. 尚未进入老龄社会 2. 储蓄率较高 3. 老年劳动参与率高	1. 制度碎片化 2. 积累低，隐性债务高 3. 金融市场狭小，效率低，私人和职业年金基础差 4. 政府宏观经济管理和监管能力不足	1. 尚未进入老龄社会（↓） 2. 储蓄率较高（↓） 3. 老年劳动参与率高（→）	1. 制度碎片化（↓） 2. 积累低，隐性债务高（→） 3. 金融市场狭小，效率低，私人或职业年金基础差（→） 4. 政府宏观经济管理和监管经验不足（→）
O（机会）	**T（威胁）**	**O（机会）**	**T（威胁）**
1. 有一定的改革共识 2. 经济增长潜力较大 3. 养老金财政支出负担较小	制度潜在的不可持续危机	1. 有一定的改革共识（↓） 2. 经济增长潜力较大（→） 3. 养老金财政支出负担较小（↓）	制度潜在的不可持续危机（↑）

注：→表示变化不明显；↑表示强化；↓表示削弱。

三、瑞典改革前后个人账户运行环境 SWOT 分析（见表 7-3）

1. 优势分析。瑞典个人账户改革前的优势是：公共养老金制度统一，改革遇到的不同部门雇员利益博弈少；拥有较大规模的公共养老基金，为改革启动和新旧顺利过渡及人们对 NDC 账户信心提供了基础；私人或职业年金发达，为 NDC 账户容易被人们接受；政府的管理效率高。瑞典改革后顺势将新制度扩展到非正规就业者和自雇者，并且对留在旧制度中的资格条件以年龄为标准尽可能覆盖更多的人，新制度的统一性更高；NDC 个人账户设计激励机制合理，强化了对提前退休的处罚和对延迟退休的激励，老年人劳动参与率在改革前已经很高的基础上进一步提高；NDC 个人账户改革并没有提高缴费率，没有对私人职业年金产生挤出效应，而且由于 2.5% 缴费形成的 FDC 基金与其竞争，有利于基金投资效率和政府监管水平的提高。

2. 机会分析。瑞典在 NDC 个人账户改革立法前经过两年多的激烈讨论和利益集团博弈和妥协，改革从 1994 年分阶段实施，1999 年才全面实行，社会形成比较一致的改革共识。改革后个人账户收益比较好，自动平衡机制仅仅在 2009 年才出现一次负记账利率，因此改革的效果受到肯定。

3. 劣势分析。改革前，瑞典公共养老金制度的劣势包括：人口老龄化程度高；旧制度已经成熟且福利水平高，实行个人账户的隐性债务高；金融市场规模小以及再分配养老金替代率高，可能会抑制个人账户激励作用的发挥。改革后，通过个人账户良好的激励机制，储蓄率和老年劳动参与率在改革后进一步提高，很大程度上抵消了人口老龄化的影响；选择 NDC 而不是 FDC 改革，既锁定旧制度债务又避免了隐性债务显性化，同时克服了金融市场狭小的限制；随着个人账户和私人年金的发展，为降低再分配养老金的替代率提供了条件，而私人养老金替代率的降低就意味着对个人账户激励作用的限制减少。

4. 威胁分析。改革前，瑞典的公共养老基金规模趋于下降，制度潜在的财务不可持续危机日益显现，改革后这种潜在的危机基本消除。

表 7-3　　　　瑞典 NDC 个人账户改革前后 SWOT 分析

改革前		改革后	
S（优势）	**W（劣势）**	**S（优势）**	**W（劣势）**
1. 制度统一	1. 老龄化程度高	1. 制度统一（↑）	1. 老龄化程度高（↓）
2. 公共养老基金	2. 隐性债务高	2. 老年劳动参与率高（↑）	2. 隐性债务高（↓）
3. 私人或职业养老金发达	3. 储蓄率低	3. 公共养老基金（↑）	3. 储蓄率低（↓）
4. 老年劳动参与率高	4. 金融市场狭小	4. 私人或职业养老金发达（↑）	4. 金融市场狭小（→）
5. 政府管理效率高	5. 再分配养老金替代率高	5. 政府管理效率高（↑）	5. 再分配养老金替代率高（↓）
O（机会）	**T（威胁）**	**O（机会）**	**T（威胁）**
基本一致的改革共识	潜在的制度财务不可持续危机	基本一致的改革共识（↑）	制度潜在的不可持续危机（↓）

注：→表示变化不明显；↑表示强化；↓表示削弱。

四、意大利改革前后个人账户运行环境 SWOT 分析 (见表 7 – 4)

1. 优势和机会分析。改革前，意大利是公共养老金制度问题最多、财务不可持续危机最严重的国家之一，旧制度几乎没有优势可言。由于旧制度是身份差异决定福利给付的程度很深，制度碎片化非常严重。从 20 世纪 80 年代初起，各届政府就纷纷提出新的养老金方案交由议会讨论，但始终无法达成共识。直到 90 年代初，在包括公共养老金在内的福利制度财务不可持续矛盾变得非常突出的内部压力和加入欧洲货币联盟的外部压力下，社会才就养老金改革达成一定的共识，这对意大利来说是一个难得的机会。1995 年，引入 NDC 个人账户，在基本制度框架上符合意大利的国情，锁定了隐性债务，这是改革后培育的优势。由于名义账户制度设计对既得利益过多的保护以及和其他支柱的不协调等原因，改革并没有实现当初既定的目标，需要进一步完善。但目前关于如何进一步改革利益博弈仍然比较激烈，政治共识并不比 1995 年之前高。

2. 劣势和威胁分析。改革前，意大利改革的劣势包括：老龄化程度是世界最高的国家之一；公共养老金制度在 1980 年之前已经基本成熟，而且旧制度下基本没有积累，隐性债务很高；私人和职业年金基础差，金融市场不发达；政府宏观管理效率低，被称为"软政权"国家；改革前再分配养老金的替代率高达 80% ~ 90%，对个人账户发展的挤出效应很大①。1995 年，改革引入 NDC 而不是 FDC 个人账户符合当时的国情，理论上可以降低制度下维持财务可持续的劣势。但由于改革倡促，制度设计缺乏严肃性，特别是过渡方案期太长，导致个人账户并没有对个人储蓄和退休决策行为产生显著影响。改革前的劣势依然存在，且总体上

---

① 原文指的是养老金制度总替代率，再分配养老金的替代率比该数值略低，但通过对改革前意大利的养老金制度的分析，笔者认为差别不大。OECD，"Pension Reform：The Unfinished Agenda"，Policy Brief September 2007，p5.

更加恶化。

表7-4　　意大利NDC个人账户改革前后SWOT分析

	改革前		改革后	
S（优势）	**W（劣势）** 1. 老龄化程度高，高隐性债务 2. 制度碎片化 3. 储蓄率，老年劳动参与率低 4. 金融市场效率低，私人和职业养老金基础差 5. 再分配养老金替代率高 6. 政府管理效率低	**S（优势）** 1. 基本制度框架符合国情 2. 锁定了旧制度隐性债务	**W（劣势）** 1. 老龄化程度高（↑） 2. 隐性债务高（↓） 3. 储蓄率低（↑） 4. 金融市场与私人或职业年金（→） 5. 再分配养老金替代率高（↓） 6. 政府管理效率低（→）	
O（机会） 改革有一定的政治共识	**T（威胁）** 制度现实的不可持续危机	**O（机会）** 改革有一定的政治共识（→）	**T（威胁）** 制度潜在的不可持续危机（↑）	

注：→表示变化不明显；↑表示强化；↓表示削弱。

五、小结

从前面对四个国家改革前引入个人账户的环境分析以及改革后对这些环境的变化状况可以得出以下结论：

第一，个人账户形式选择与一个国家旧养老金制度所面临的SWOT等有关，而选定合适的账户的类型能很好地利用机会、强化优势、降低劣势从而降低财务不可持续威胁，而不合适的选择则会达不到预期的目的。瑞典和澳大利亚分别选择NDC和FDC个人账户总体上符合改革前的制度环境，改革后个人账户发挥作用比较充分，促进了制度财务可持续，又进一步优化了个人制度运行的环境。墨西哥改革前对现实考虑不尽全面，选择了FDC个人账户，从SWOT分析看，选择NDC更符合改革前的制度环境，这可能是该国改革没有达到预期目标的原因之一。

第二，仅仅个人账户形式选择与改革前的制度环境要求一致并不能保证个人账户与制度环境良性活动相互促进，自然也就不一定能起到提高公共养老金制度财务可持续能力的作用。意大利选择 NDC 个人账户在总体上是合适的，但糟糕的账户设计使改革后的制度财务不可持续的威胁更大。

第三，改革的时机非常关键。凡是在公共养老金制度财务不可持续威胁处于潜在状态时社会达成一致的改革共识的国家，改革后的制度财务可持续能力都会提高，反之就达不到预期效果，甚至适得其反。

第四，能否选择个人账户及发挥制度促进财务可持续的关键不是隐性债务、金融市场状况，而是改革是否有利于制度统一和政府管理效率。NDC 个人账户从理论上完全可以克服前两个不利因素的制约，但其发挥 DC 制度的激励作用对政府的宏观经济及养老金制度管理效率要求很高，并且受碎片化制度的严重制约。

第二节　中国"统账结合"制度财务可持续的现实和潜在困境

一、中国公共养老金改革概述

20 世纪 80 年代中期以前，中国实行的是 PAYG + DB 养老金制度。与西方国家不同，中国的养老金制度就有明显的计划经济特色。概括起来包括：国家/企业保险模式为城镇居民提供了全面的养老保障，工人并不直接缴费，待遇与退休工资挂钩；覆盖面窄，广大农民没有被覆盖，养老保障城乡二元化；待遇与缴费联系不紧密，甚至没有联系（人们将养老金称为退休工资），制度激励机制很差。随着改革开放和市场经济的发展，这种企业模式的弊端不断显现①。

1984 年，在部分地区试行的企业职工退休费用社会统筹拉开了中国养老金制度由国家、企业保障向社会保障的序幕。1991年，国务院颁布《关于企业职工养老保险制度改革的决定》，将社会统筹确定为养老保险制度改革的方向，从而使企业从各自负担退休人员的"自我保险"变为社会互济、共担风险的社会保险。该文件首次提出了养老保险基金由社会统筹和部分积累相结合的思路，1993 年，第一次明确了建立统筹账户和个人账户相结合的"部分积累制"改革方向。1997 年，国务院发布《关于建立统一的企业职工基本养老保险制度的决定》，统一了各地"统账结合"的实施方案②。该制度至今仍是中国公共养老金制度的主体。

二、中国公共养老金制度财务不可持续的困境及原因

20 多年来，"统账结合"的养老金制度覆盖面不断扩大，基金征缴稳步增长，为保障企业职工退休收入、国有企业减员增效改革顺利完成和国民经济快速增长做出了巨大贡献。但目前制度运行陷入困境，面临财务可持续危机，主要原因如下：

第一，"未富先老"的特殊国情。与发达国家不同，中国在尚未进入中等收入水平下就进入了老龄化社会。2010 年，中国的老年赡养比高达 13%（65 岁及以上人口/20～64 岁人口）③，但人均GDP 仅为 4000 美元左右④。这种特殊的国情对公共养老金制度的财务可持续提出挑战是其他国家所没有遇到过的。

第二，改革加重了制度碎片化程度。"统账结合"制度的提出

---

　　① 郑秉文、高庆波、于环：《社会保障理论的演进与创新》，载张卓元主编：《中国经济学 60 年（1949—2009）》，中国社会科学出版社 2009 年版，第 415－468 页。
　　② 郑秉文主编：《中国养老金发展报告 2011》，经济管理出版社 2011 年版，第137 页。
　　③ UN Population Division，"World Population Prospects：World Population Prospects"，the 2010 Revision. http：//esa. un. org/wpp/unpp/panel_ population. htm.
　　④ 郑秉文：《中等收入陷阱与中国发展道路：基于国际经验教训的视角》，载《中国人口科学》2011 年第 1 期，第 2－15 页。

最初是为国有企业减员增效服务的，没有为覆盖行政事业单位职工和农民预留制度接口。因此，形成了目前以城乡隔离、部门分割、地区条块为主要特征的复杂的碎片化制度。不同群体福利攀比和利益博弈导致目前改革陷入停滞的困境。

第三，实际执行违背了部分积累的改革初衷。当初的设想个人统筹部分是基本保障，个人账户是养老基金积累和投资的工具，两部分资金应相互隔离。但改革时并没有融资"做实"旧制度人员的个人账户，改革后的缴费被用于支付退休人员的养老金，个人账户长期"空账"运行。2000 年，中国在辽宁省开始了做实个人账户的试点，截止到 2010 年，试点省份共 13 个，共积累基本养老保险个人账户基金 2039 亿元①。但这与中国的"空账"规模相差很大，IMF2003 年估计的"空账"规模为 GDP 的 7%，郑秉文2010 年的估算高达 1.3 万亿②。此外，"做实"个人账户改革试点实行后又面临投资收益困境。这导致民众对制度失去信任。

第四，个人账户制度设计上的不足。其一，总缴费率高，统筹账户比重低，1997 年规定的缴费率为 28%，其中 11% 划入个人账户，2006 年，为配合"做实"工作又将划入个人账户的缴费降低为 8%③。中国的缴费负担甚至比大多数 OECD 国家都高，而激励作用强的个人账户比重又低于大多数国家。其二，投资体制不合理，基本养老保险基金分散在省级以下政府手中，投资渠道只限于国债和银行协议存款，这既不利于基金保值增值，又会诱发腐败，进而导致人们对个人账户的信任度下降，最终是个人账户无法发挥潜在的激励作用。其三，极低的退休年龄规定。中国现行的法定退休年龄是 20 世纪 50 年代规定的，男性 60 岁，女性职工 50 岁，干部 55 岁。1990 年以来，国家为

① 人力资源和社会保障部：《2010 年度人力资源和社会保障事业发展统计公报》，http：//www. mohrss. gov. cn/gkml/xxgk/201606/t20160616_ 241884. htm.

② Steven Dunaway and Vivek Arora，"Pension Reform in China：The Need for a New Approach"，WP/07/ 109，2007，p8 and http：//www. cnpension. net/index_ lm/2010 - 07 - 21/news1279673717d1158664. html.

③ 中华人民共和国国务院：《关于建立统一的企业职工基本养老保险制度的决定》，《关于完善企业职工基本养老保险制度的决定》。

配合国企改革出台了一系列鼓励提前退休的政策，导致目前的实际退休年龄仅为 52 岁①。而目前，中国的预期寿命达 71.4 岁，城镇人口达 75.2 岁②。这些不合理的制度设计既是限制个人账户发挥激励作用的因素也是导致中国公共养老金制度财务不可持续的重要原因。

三、中国"统账结合"公共养老金制度改革 SWOT 分析及进一步改革设想

20 世纪 90 年代，中国吸收欧美国家公共养老金制度财务不可持续的教训，又借鉴了拉美国家私有化改革的经验，创立了"统账结合"的新模式。该制度既考虑了政府责任和制度的再分配职能，又注重个人责任和制度的财务可持续。从当时的改革环境看，"统账结合"制度选择采取的是 SO 战略（见表 7－5）。当时，中国引入个人账户的优势包括：人口结构偏轻，且有大量的农村劳动力流向城市，拉低了城市的老龄化水平；中国的高储蓄文化使建立个人账户能够充分发挥优化储蓄结构的功能而挤出效应非常小；与其他福利制度已经成熟的国家不同，中国的养老金制度的总覆盖率和人均待遇水平很低，个人账户的激励作用应该比较大。虽然当时中国的决策者并不是以利用优势而是以服务国有企业改革为决策依据，但"统账结合"制度客观上有利于利用当时的优势。从机会上看，引入个人账户积累制可以抓住在人口老龄化高峰到来前的人口红利和高经济增长机会，更关键的是，当时中国的养老金制度远未成形，养老金领域的利益博弈尚不激烈，从全民角度看改革意愿非常强，政府改革推行的压力低。

---

① 胡晓义：《走向和谐：中国社会保障发展 60 年》，中国劳动社会保障出版社 2009 年版，第 137 页。

② UN Population Division，"World Population Prospects：World Population Prospects"，the 2010 Revision. http：//esa. un. org/wpp/unpp/panel_ population. htm.

表7-5　　　中国"统账结合"改革前后的SWOT分析

S（优势）		W（劣势）	
1. 人口老龄化程度低（↓） 2. 储蓄率高（→） 3. 养老金待遇水平低，帕累托改进易（↓） [4. 主权养老基金]		1. 制度碎片化（↑） 2. 金融市场效率低（↑） 3. 没有私人和职业养老金管理的经验（→） 4. 缴费负担能力低（↓） [5. "空账"规模扩大]	
O（机会）		T（威胁）	
1. 政府改革推行压力低（→） 2. 人口红利（↓） 3. 高经济增长率（↓）		1 现实的财务不可持续危机（↑） ¦2. 企业保障影响企业竞争力¦ 3. 制度执行不合理，影响社会和谐（↑）	

注：→表示变化不明显；↑表示强化；↓表示削弱；[ ]表示改革后新出现的因素。

　　然而，从1997年"统账结合"制度全面实行后，并没有按照改革之初的社会统筹与个人积累相结合制度运行。世界银行等机构的研究表明，统筹部分和个人账户性质、职能、运营方式及风险承受能力都不同，因此分账管理是其基本原则。但中国在改革时并没有解决转型成本问题，在实际运行中个人账户基金被用于发放当期退休人员的养老金，出现了所谓的"空账"问题。这是"统账结合"制度无法充分利用机会、发挥优势、克服劣势进而消除养老金制度财务不可持续威胁的根源。当"空账"出现后，实账积累和市场化投资就无法实行，部分小量的结余资金既没有能力（因为省级以下社保机构管理），也由于与统筹分账管理无法按市场化原则配置资产，结果"就低不就高"，这些部分地区小量的结余主要投向收益低的国债和银行存款，"做实"试点开始后延续了这一不合理的投资方式。"空账"运行和投资困境既造成了资产错配和效率损失，又诱发腐败和违规，还使预期的促进金融市场发展的设想无法实现。人们对个人账户的信任度很低，理论上的激励机制自然就无法发挥。

　　从财务可持续的角度看，目前中国公共养老金制度面临的环境比 1997 年更差。原有的优势在一定程度仍然存在，但随着人口老龄化正逐步降低，而通过改革促进个人账户发挥应有作用，促进财务可持续的机会总体上趋于下降，唯一新增的优势是主权养老基金的发展。"统账结合"改革前的劣势依然存在并且有上升的趋势，唯一的例外是随着经济的发展，个人缴费负担能力有所上升，但由于缴费率已经很高，上升空间有限。改革后，由于个人账户运行绩效不佳，政府只好连续提高替代率并降低个人账户比重，职工养老金替代率还是连续走低且与没有纳入改革的机关事业单位差距拉大，这使得统一制度的阻力越来越大。目前，中国养老金制度包括企业职工制度、事业单位制度、公务员制度、农村制度等，碎片化劣势更加明显。由于宏观经济原因，金融市场特别是资本市场效率劣势增大，私人和职业养老金的管理经验欠缺也没有明显改善。此外，"空账"规模也不断扩大是实账积累个人账户制度面临的新的劣势。基于以上对优势、机会、劣势的分析，目前，中国的公共养老金制度除以社会保障代替企业保障这一威胁基本消除外，制度执行不合理及人口老龄化引起的财务不可持续威胁更大，甚至可能成为影响社会和谐的隐患。

　　中国在 20 世纪 90 年代初期就提出了"统账结合"的思想，理念上很先进，也基本符合当时的国情，如果按照当时的思路执行，个人账户对储蓄结构优化和劳动积累作用是能够比较好地发挥的，制度财务可持续能力也应该会提高。但从事后的执行效果及比较瑞典等国家的混合名义账户制度看，"统账结合"是一个次优选择，当然，我们不能期望在当时社会保障制度极不健全，且福利制度先行国家尚未选择 NDC 制度的情况下，中国就能做出最优选择。对比表 7-5 和表 7-3，本书认为，参考瑞典经验建立混合名义账户是进一步改善中国公共养老金制度的理性选择。同时，比较表 7-5 和表 7-1 可以发现，澳大利亚的改革虽然比较成功，但其经验对中国这样一个制度碎片化、私人和职业年金很不发达、金融市场效率低下、监管能力不足的国家的公共养老金制度来说并不适合，但对发展企业年金的启发意义很大，而企业年金和公共养老金制度都是退休收入保障体系的重要组成部分，具有相互促进的作用。墨西哥和意大利改革的效果不明显，研究其改革教训可以更好地设计中国混合名义账户及其配套制度。关于具体设计细节及对财务可持续影响的预测，鉴于能力和资料限制，本书不做收入研究①。

第三节 基本结论和未来研究方向

一、基本结论

本书将行为经济学理论引入生命周期和世代交叠模型，论证了在公共养老金中引入账户潜在的激励机制及对财务可持续的作用及抑制潜在激励作用发挥的条件。本书运用模式比较和典型案例实证研究得出如下结论：

第一，养老金制度改革对财务可持续的影响受许多因素影响，没有所谓最好制度。在以6个没有引入个人账户的国家为参照进行比较后，结果发现，在降低财政支出负担上，4个FDC个人账户效果比较明显，但3个NDC个人账户的效果并不比参照国家好。在用计量经济学模型控制其他变量作用后，个人账户变量对净储蓄和老年劳动参与的影响不显著，因此，从历史数据看，实证与理论的预期不完全一致，我们无法得出个人账户必然更能促进公共养老金制度财务可持续的结论。

第二，个人账户潜在的优势发挥必须满足相应的条件。在详

---

① 实际上已经有学者在这方面进行了深入的研究。详见：郑秉文：《中国社保"名义账户"改革新思路："混合型"统账结合（译者跋）》，载霍尔茨曼和帕尔默主编，郑秉文等译：《名义账户制的理论与实践：社会保障改革新思想》，中国劳动社会保障出版社2009年版，第615–643页。

细考察澳大利亚和墨西哥，瑞典和意大利的个人账户改革的背景、账户及其配套制度设计后，以两两比较的方式分析了不同账户制改革国家改革后养老金制度财务可持续能力显示指标的变化。本书研究的结果认为，个人账户改革如果能充分利用优势和机遇，并通过一定的设计克服劣势和面临的挑战，就能促进公共养老金制度财务可持续，无论是澳大利亚的 FDC 还是瑞典的 NDC 个人账户；反之，个人账户潜在的促进财务可持续能力就会受到限制，未必比参数式改革更好。

第三，中国"统账结合"制度在当时是比较先进的，也可能解决公共养老金制度潜在的财务不可持续问题，但具体执行中出现了更多的问题，制度仍面临财务不可持续危机。随着改革环境的变化，瑞典式的混合名义账户更适合中国的国情，建立混合名义账户制度是解决"统账结合"制度面临的可信度低、激励机制差、投资陷入困境、覆盖面难以扩大及碎片化问题，进而通过个人账户良好的激励约束机制解决财务不可持续难题的可行方法。

二、本书的不足和未来研究方向

本书借鉴前人，将行为经济学理论引入生命周期模型，论证了个人账户控制福利膨胀、促进储蓄和激励延迟退休的优势及原因，并进行了计量实证研究和典型案例比较研究。但由于个人账户制度出现的较晚，且实行该制度的国家差别很大以及笔者学术视野有限，本书存在以下不足：

第一，在以行为生命周期模型进行理论分析之后，用实验经济或调查数据实证研究可能更好，但由于现实条件所限，本书使用的是宏观数据，这可能忽略一些影响个人账户激励机制的细节信息。

第二，本书采用了 OECD 的数据，好处是具有可比性，但不足之处是部分数据以美元不变价格折算，数据受汇率变动影响可能使实证结果失真。

第三，由于个人账户引入时间较短，在案例分析中，无法用时间序列模型控制其他变量单独研究改革的作用。本书运用描述分析方法比较引入个人账户前后公共养老金制度财务可持续能力的变化，但这种方法精确性较差。以上研究的不足都将是本书的后续研究方向。

参 考 文 献

［1］阿克塞尔·H. 波尔施－苏潘，克里斯蒂娜·H. 威尔克：《德国公共养老金制度：怎样成为一个类似的名义账户制度》，载罗伯特·霍尔茨曼，爱德华·帕尔默主编，郑秉文等译：《名义账户的理论与实践》，中国劳动社会保障出版社 2009 年版。

［2］艾斯平·安德森著，郑秉文译：《福利资本主义的三个世界》，法律出版社 2003 年版。

［3］安格斯·麦迪逊著，伍晓鹰等译：《世界经济千年史》，北京大学出版社 2003 年版。

［4］彼得·戴蒙德和汉努·瓦蒂艾宁编著，贺京同等译：《行为经济学及其应用》，中国人民大学出版社 2010 年版。

［5］彼得·德鲁克著，刘伟译：《养老金革命》，东方出版社 2009 年版。

［6］别朝辉：《社会保障与经济增长：一个文献综述》，载《上海经济研究》2004 年第 4 期。

［7］大卫·林德曼等著，郑秉文等译：《中低收入国家的名义账户养老金计划》，载霍尔茨曼和帕尔默主编：《名义账户制的理论与实践》，中国劳动社会保障出版社 2009 年版。

［8］胡安·阿里斯蒂亚主编：《AFP：三个字的革命——智利社会保障制度改革》，中央编译出版社 2001 年版。

［9］胡晓义：《走向和谐：中国社会保障发展 60 年》，中国劳动社会保障出版社 2009 年版。

［10］霍尔茨曼和帕尔默主编，郑秉文等译：《名义账户制的理论与实践》，中国劳动社会保障出版社 2009 年版。

［11］科林·F. 凯莫勒等主编，贺京同等译：《行为经济学新进展》，中国人民大学出版社 2009 年版。

［12］理查德·H. 泰勒：《心理会计在决策中的作用》，载《行为经济学新进展》，科林·F. 凯莫勒等主编，贺京同等译，中国人民大学出版社 2009 年版。

[13] 李军：《人口老龄化经济效应分析》，社会科学文献出版社 2005 年版。

[14] 刘昌平：《养老金制度变迁的经济学分析》，中国社会科学出版社 2008 年版。

[15] 罗伯特·霍尔茨曼与理查德·欣茨等著，郑秉文等译：《21 世纪的老年收入保障——养老金制度改革国际比较》，中国劳动社会保障出版社 2006 年版。

[16] 马歇尔·N. 卡特和威廉·G. 希普曼著，李珍等译：《信守诺言——美国养老社会保险制度改革思路》，中国劳动社会保障出版社 2003 年版。

[17] 尼古拉斯·巴尔：《养老金改革：谬误、真理与政策选择》，载《保险与社会保障》第一辑，郑秉文等主编，中国劳动社会保障出版社 2006 年版。

[18] 尼古拉斯·巴尔著，郑秉文、穆怀中等译：《福利国家经济学》，中国劳动社会保障出版社 2003 年版。

[19] 人力资源和社会保障部：《2010 年度人力资源和社会保障事业发展统计公报》。

[20] 袁志刚：《养老金经济学》，世纪出版集团 上海人民出版社 2005 年版。

[21] 詹姆斯·M. 布坎南著，穆怀朋译：《民主财政论：财政制度和个人选择》，商务印书馆 1993 年版。

[22] 郑秉文：《社会保障制度：改革攻坚》，中国水利水电出版社 2004 年版。

[23] 郑秉文：《中国企业年金发展滞后的政策因素分析——兼论"部分 TEE"税优模式的选择》，载《中国人口科学》，2010 年第 2 期。

[24] 郑秉文、J. 威廉姆森、E. 卡尔沃：《中国与拉美社会保障比较：传统文化与制度安排》，载《拉丁美洲研究》2009 年第 1 期。

[25] 郑秉文、高庆波、于环：《社会保障理论的演进与创新》，载张卓元主编：《中国经济学 60 年（1949～2009）》，中国社会科学出版社 2009 年版。

[26] 郑秉文主编：《中国养老金发展报告 2011》，经济管理出版社 2011 年版。

[27] 郑秉文：《中等收入陷阱与中国发展道路：基于国际经验教训的视

角》，载《中国人口科学》2011 年第 1 期。

［28］郑秉文：《中国社保"名义账户"改革新思路："混合型"统账结合（译者跋）》，载霍尔茨曼和帕尔默主编，郑秉文等译：《名义账户制的理论与实践：社会保障改革新思想》，中国劳动社会保障出版社 2009 年版。

［29］郑功成：《社会保障学——理念、制度、实践与思辨》，商务印书馆 2000 年版。

［30］中华人民共和国国务院：《关于建立统一的企业职工基本养老保险制度的决定》，《关于完善企业职工基本养老保险制度的决定》。

［31］Romer，. D，"Advanced Macroeconomics（Second Edition）"，上海财经大学影印 2001 年版。

［32］Aaron，H.，"The Social Insurance Paradox"，*The Canadian Journal of Economics and Political Science*，Vol. 32，No. 3，August 1966.

［33］Agnieszka Chłoń-Domińczak，Daniele Franco and Edward Palmer，"The First Wave of NDC-Taking Stock Ten Years Plus Down the Road"，*Non-financial Defined Contríbution（NDC）Pension Conference in Stockholm December*，2009.

［34］Alfonso Arpaia，Kamil Dybczak，Fabiana Pierini，"Assessing the short-term impact of pension reforms on older workers´participation rates in the EU：a diff-in-diff approach"，*Directorate-General for Economic and Financial Affairs Economic Papers* 385，September 2009.

［35］Alicia Puente Cackley，Tom Moscovitch and Ben Pfeiffer，"Italian Pension Reform"，*Prepared for the Urban Institute's International Conference on Social Security Reform*，February 24，2006.

［36］Angelo Marano，Carlo Mazzaferro and Marcello Morcian，"The strengths and failures of incentive mechanisms in notional defined contribution pension systems"，*Paper for the Espanet Conference* "Innovare il welfare. Percorsi di trasformazione in Italiae in Europa" Milano，29 Settembre-1 October 2011.

［37］AIOS，"Boletín Estadístico AIOS"，No23，unio，1999～2007，Junio 2010.

［38］APRA，"Annual Superannuation Bulletin June 2008"，revised 10 February 2010.

［39］APRA，"Celebrating 10 years of superannuation data collection 1996～2006"，Insight，Issue 2，2007.

［40］APRA，"A Recent History of Superannuation in Australia"，*APRA Insight*，Issue 2，2007.

[41] APRA, "Annual Superannuation Bulletin June 2007", revised 10 March 2009.

[42] APRA, "Annual Superannuation Bulletin June 2010", issued 19 January 2011.

[43] Barro, R. J., "Are Government Bonds Net Wealth?", *Journal of Political Economy* 82 (6), 1974.

[44] Bateman H and J Piggott, "Labour force participation of older workers in Australia and Japan: A tale of two pension systems", *UNSW Discussion Paper* February 2008.

[45] Bernhard Ebbinghaus and Mareike Gronwald, "The Changing Public Private Pension Mix in Europe: From Path Dependence to Path Departure", *MZES University of Mannheim*, *Draft Paper*, January 2009.

[46] Blake D., *"Pension Economics"*, John Wiley & Sons Ltd, The Atrium, Southern Gate, Chichester, 2006.

[47] Blake, D., "The impact of wealth on consumption and retirement behaviour in the UK", *Applied Financial Economics*, 2004.

[48] Bloom D., Canning D., Moore M., "A Theory of Retirement", *National Bureau of Economic Research*, *Working Paper*, No. 13630, November 2007.

[49] Bodie, Z., Merton, R. and Samuelson, W. "Labor supply flexibility and portfolio choice in a life cycle model", *Journal of Economic Dynamics & Control*, 16, 1992.

[50] Bonoli G., and Shinkawa T., *"Aging and Pension Reform around the world: Evidence from Eleven Countries"*, Edward Elgar limted, 2005.

[51] Camila Arza and Martin Kohli, *"Pension Reform in Europe: Politics, policies and outcomes"*, Routledge Tatlor & Francis Group, 2008.

[52] Capretta James C., "Global Aging and the Sustainability of Public Pension Systems", *Center for Strategic & International Studies*, January 2007.

[53] Carlos Herrera, "Towards stronger pension systems in Mexico: vision and proposals for reform", in *Pension reforms in Latin America Balance and challenges ahead*, edited by José Luis Escrivá, Eduardo Fuentes and Alicia García-Herrero, Pensions & Insurance and BBVA Research, 2011.

[54] Carroll, C. D., "The Buffer-Stock Theory of Saving: Some Macroeconomic Evidence", *Brookings Papers on Economic Activity*, 1992.

[55] Channarith Meng, Wade Donald Pfau, "The Role of Pension Funds in

Capital Market Development", *GRIPS Discussion Paper* 10 – 17, October 2010.

[56] Chong-Bum An and Ji Un Jung, "The Causes of Early Retirement: Social Security Generosity or Population Aging", *Paper to be presented at APEC Conference* June 2009.

[57] Crawford Vincent P. and David M. Lilien, "Social Security and the Retirement Decision", *The Quarterly Journal of Economics*, Vol. 96, No. 3, August, 1981.

[58] David Card and Michael R. Ransom, "Pension Plan Characteristics and Framing Effects in Employee Savings Behavior", *ZA Discussion Paper* No. 2939 July 2007.

[59] David Tuesta, "A review of the pension systems in Latin America", *BBVA Research Working Papers* Number 11/15, April 2011.

[60] David W Kalisch and Tetsuya Aman, "Retirement Income Systems: The Reform Process across OECD Countries", *Maintaining Prosperity in an Ageing Society: the OECD study on the policy implications of ageing*, Working Paper AWP 3. 4, 1998.

[61] Diamond P. , "Pension for an Aging Population", *National Bureau of Economic Research*, Working Paper, No. 11877, December 2005.

[62] Douglas Bernheim and Antonio Rangel, "Behavioral Public Economics: Welfare and Policy Analysis with Non-Standard Decision-Makers", in *Economic Institutions and Behavioral Economics*, edited by Peter Diamond and Hannu Vartiainen, Princeton University Press 2007, pp. 34 – 35

[63] Douglas Bernheim, "Financial illiteracy, education and Retirement saving", in *Living with Defined Contribution pension*, University of Pennsylvania Press, 1998.

[64] Edward Palmer, "The Swedish Pension Reform Model: Framework and Issues", *Pension Reform Primer*, *Social " Protection Paper* No. 0012, The world Bank, 2000.

[65] Edward Whitehouse, "Pensions Panorama: Retirement-Income Systems in 53 Countries", The World Bank, 2007.

[66] Emma Aguila, Michael D. Hurd and Susann Rohwedder, "Pension Reform in Mexico: The Evolution of Pension Fund Management Fees and their Effect on Pension Balances", *Michigan Retirement Research Center* WP 2008 – 196.

［67］ Eskil Wadensjö, "Work and Pension in Sweden", *European Papers on the New Welfare*, No. 9, February 2008.

［68］ Estelle James and Alejandra Cox Edwards, "Do Individual Accounts Postpone Retirement: Evidence from Chile", *Michigan Retirement Research Center* WP 2005 – 098.

［69］ Feldstein, Martin S. "Induced Retirement and Aggregate Capital Accumulation." *Journal of Political Economy*, September 1974, 82 (5).

［70］ Feldstein. M., "Social security, induced retirement and aggregate capital accumulation", *Journal of Political Economy*, Vol. 82, 1974.

［71］ Feldstein. M., "Tax Avoidance and the Deadweight Loss of Income Taxes", *Review of Economics and Statistics*, November 1999.

［72］ Feldstein M. and Jeffrey B. Liebman, "Social security", *NBER Working Paper* 11290, 2001.

［73］ Feldstein, M. and Liebman J., "Social Security", *NBER Working Paper* 8541, 2001.

［74］ Franco Modigliani and Arun Muralidhar, "*Rethinking Pension Reform*", Cambridge University Press, 2005.

［75］ Friedberg L and Anthony Webb," Retirement and the Evolution of Pension Structure", *The Journal of Human Resources*, April 2005.

［76］ Games C. Capretta, "The Political Economy of State-Based Pensions: A Focus on Innovative Reforms", *European Papers on the New Welfare*, No. 8, September 2007.

［77］ Giuliano Bonoli, "*Ageing and Pension Reform Around The World: Evidence from Elenve Countries*", Edward Elgar Publishing Limited 2005.

［78］ Göran Normann and Daniel J. Mitchell, "Pension Reform in Sweden: Lesson for American Policymaker", *The Heritage Foundation backgrounder* No. 1381, June 2000.

［79］ Gregory Brunner, Richard Hinz, Roberto Rocha, "Risk-Based Supervision of Pension Funds: A Review of International Experience and Preliminary Assessment of the First Outcomes", *The World Bank WP*4491, January 2008.

［80］ Gruber J. and D. A. Wise, "Social Security Programs Retirement around the World: Fiscal Implications", *NBER Working Paper* 11290, 2005.

［81］ Hazel Bateman, "Australia's 'lost' superannuation (retirement saving) accounts", *presentation at the* 2008 *General Assembly of the Japan Pension Research Council* (*JPRC*), Friday 5th September 2008.

[82] Hazel Bateman and John Piggott, "Australia's Mandatory Retirement Saving Policy: A View from the New Millennium", *Center For Applied Economic Research of the University of South Wales*, working paper (2000/04).

[83] Héctor Sandoval, "Analysis of the Pension Reform in Mexico", *SOA online paper*, December 2004. http://www.soa.org/library/research/actuarial-research-clearing-house/2006/january/arch06v40n1-xi.pdf.

[84] Iglesias-Palau, A. (2009), "Pension Reform in Chile Revisited: What Has Been Learned?", *OECD Social, Employment and Migration Working Papers*, No. 86.

[85] Igor Guardiancich, "Current pension system: first assessment of reform outcomes and output", *European Social Observatory Country Report: Sweden*", Belgian Federal Public Service Social Security, May 2010.

[86] International Social Security Association, "Social Security Programs throughout the World: Asia and the Pacific", 2010.

[87] James, Estelle. 1998. "New Models for Old-Age Security: Experiments, Evidence, and Unanswered Questions," *The World Bank Research Observer*, Vol. 13.

[88] Joaquin Vial Ruiz-Tagle and Francisca Castro, "Chilean Pension System", in *Maintaining Prosperity in an Ageing Society*, OECD 1998.

[89] John Piggott and Renuka Sane, Indexing Pensions, *The World Bank Social Protection Discussion Papers* No. 0925, December 2009.

[90] John B. Williamson, "Future Prospects for Notional Defined Contribution Schemes", *Journal CESifo Forum*, October 2001.

[91] John B. Williamson, "Assessing Notional Defined Contribution Model: An Assessment of the Strengths and Limitations of a New Approach to the Provision of Old Age Security" (an issue in brief), *Center for Retirement Research at Boston College*, October 2004.

[92] Kotlikoff, L. J., "Testing the theory of social security and life cycle accumulation", *The American Economic Review*, Vol. 69 (3), June: 1979.

[93] Lerner, Abba P., "Consumption-loan interest and money", *Journal of Political Economy* Vol. 67, No. 5, October 1959.

[94] Lindbeck and Mats Persson, "The Gains from Pension Reform", *Journal of Economic Literature*, Vol. 41, No. 1, March 2003.

[95] Manuel Aguilera, Norma Alicia Rosas, Manuel Calderón, Héctor Rodríguez-Cabo, "Technical Note on the Pension Annuity Maket: Mexico", *prepared by Gregorio Impavido and benefited from comments by SHCP*, November 2006.

[96] Martin Feldstein, "The Case for Privatization", *Foreign Affairs*, July / August, 1997, available at: http: //www. nber. org/feldstein/fa0797. html.

[97] Martin Feldstein, "Social security, induced retirement and aggregate capital accumulation", *Journal of Political Economy*, vol. 82, 1974.

[98] Michael Cichon, "Notional defined-contribution schemes: Old wine in new bottles?", *International Social Security Review*, Vol. 52, 4/99, 1999.

[99] Monika Queisser, Edward Whitehouse and Peter Whiteford, "The public-private pension mix in OECD countries", *Industrial Relations Journal* 38: 6, September 2008.

[100] Nicholas Barr and Peter Diamond, "*Pension Reform: A Short Guide*", Oxford University Press 2010.

[101] OECD, "Pensions at a Glance2009: Retirement-Income Systems in OECD Countries", 2009, available at: http: //www. oecd. org/pulishing/corrigenda.

[102] OECD, "Pensions at a Glance2011: Retirement-income Systems in OECD and G20 Countries", 2011, available at: http: //www. oecd. org/pulishing/corrigenda.

[103] OECD, "Labour Force Statistics1987 ~ 2007", Edition 2008, available at: http: // www. oecd. org/publishing/corrigenda.

[104] OECD (2011), Labour Force Statistics 2010, OECD Publishing. Available at: http: //dx. doi. org/10. 1787/lfs-2010-en-fr.

[105] OECD, "Ageing and Employment Policies-Statistics on average effective age of retirement", http: //www. oecd. org/dataoecd/3/1/39371913. xls.

[106] OECD, "OECD Employment Outlook 2009: Tackling the Jobs Crisis", OECD Publishing 2009.

[107] OECD, "Pension Reform: The Unfinished Agenda", *Policy Brief* September 2007.

[108] Ole Settergren, "The Reform of the Swedish Pension System- Initial

Results", *RFAS* No4 – 2003.

[109] Oliver, Azuara, "The Mexican Defined Contribution Pension System: Perspective for Low Income Workers", *MPRA Paper* No. 17571, September 2009.

[110] Olivia S. Mitch*ell and Stephen P. Utkus*, "*Pension Design and Structure: New Lessons from Behavioral Finance*", Oxford University Press 2004.

[111] Orenstein, M. A, "*Privatizing Pensions: The Transnational Campaign for Social Security Reforms*", Princeton University Press, Press, 2008.

[112] Orszag Peter R. Joseph E. Stiglitz, "Rethinking Pension Reform: Ten Myths about Social Security Systems", *Presented at the conference on "New Ideas about Old Age Security"*, The World Bank, September 14 – 15, 1999.

[113] Palmer E. "Exit from the Labor Force for Older Workers in Sweden: Can the NDC Pension System Help?", *The Geneva Papers on Risk and Insurance*, Vol. 24, No. 4, October 1999.

[114] Peter Diamond, John Geanakoplos, "Social Security Investment in Equities", *American Economic Review*, Vol. 93 (4), 2003.

[115] Peter Diamond, "Administrative Costs and Equilibrium Charges with Individual Accounts", *NBER Working paper* 7050.

[116] Peter R. Orszag and Joseph E. Stiglitz, "Rethinking Pension Reform: Ten Myths about Social Security Systems, *Presented at the conference on "New Ideas about Old Age Security"*, The World Bank, September 14 – 15, 1999.

[117] Poterba, James, Steven M. Venti and David A. Wise, "How Retirement Savings Programs Increase Savings", *Journal of Economic Perspectives*, Fall 1996.

[118] Richard Kohl and Paul O'Brien, "The Macroeconomics of Aging, Pensions and Savings: a Survey", *Economics Department Working Papers* No. 200, 1998.

[119] Samuelson, P., "An Exact Consumption-Loan Model of Interest with or without the Social Contrivance of Money", *Journal of Political Economy*, Vol. 66, No. 6, December 1958.

[120] Samuelson, P., "Optimum Social Security in a Life-Cycle Growth Model", *International Economic Review*, October 1975, Vol. 16, No. 3.

[121] Samwick Andrew, "New Evidence on Pensions, Social Security and the Timing of Retirement", *NBER Working Paper* No. 6534, April 1998.

[122] Sandro Gronchi and Sergio Nisticò, "Implementing the NDC Theoreti-

cal Model: A Comparison of Italy and Sweden", in *Pension Reform Issues and Prospects for Non-Financial Defined Contribution (NDC) Schemes*, Edited by Robert Holzmann and Edward Palmer, The World Bank, 2006.

[123] Steven Dunaway and Vivek Arora, "Pension Reform in China: The Need for a New Approach", WP/07/ 109, 2007.

[124] Swedish Social Insurance Agency, "Orange Report-Annual Report of the Swedish Pension System 2009", 2010.

[125] Tausch, Arno, "World Bank Pension reforms and development patterns in the world system and in the Wider Europe: A 109 country investigation based on 33 indicators of economic growth, and human, social and ecological well-being, and a European regional case study", *MPRA Paper* No. 262, November 2007.

[126] Thaler R. , "Mental Accounting and Consumer Choice", *Marketing Science*, Vol. 4, No. 3, 1985.

[127] Thaler R. , "Mental accounting matters", *Journal of behavior decision making*, 1999 (12).

[128] Thaler R. , "Anomalies: Saving, Fungibility, and Mental Accounts", *The Journal of Economic Perspectives*, Vol. 4, No. 1 (Winter, 1990).

[129] The Allen Consulting Group, "Australia's National Saving Revisited: Where do we stand now?", *Report to Investment & Financial Services Association*, August 2007.

[130] World Bank, "*Averting the Old Age Crisis*", Oxford University Press, 1994.

[131] Tower Watson, "*Global Pensions Asset Study* 2011: *Excutive Summery*", Tower Watson Company, Reberary 2011.

[132] UNSTAD, "*Handbook of International Trade and development Statistics*", UNCTAD Press 1997.

[133] UN Population Division, "World Population Prospects: World Population Prospects", *the* 2010 *Revision*. http: //esa. un. org/wpp/unpp/panel_ population. htm.

[134] Valdés-Prieto, S. , "*The Economics of Pensions: Principles, Politics, and International Experience*", Cambridge University press 1997.

[135] Whitehouse, Edward and Queisser, Monika, "Pensions at a glance: public policies across OECD countries", *MPRA Paper* No. 16349, May 2007.

[136] http: //stats. oecd. org/Index. aspx? DataSetCode = SOCX _ AGG,

Dataset: National Accounts at a Glance-2010 edition, Data extracted on 29 October 2011 19: 08 from OECD. Stat.

[137] http: //stats. oecd. org/Index. aspx? DataSetCode = SOCX _ AGG, Dataset: Consumer Prices (MEI).

[138] http: //stats. oecd. org/Index. aspx? DataSetCode = SOCX _ AGG, Pensions Indicators: *Personal pension funds' assets as a % of GDP.*

[139] http: //statlinks. oecdcode. org/812011041P1G022. XL

后　记

正文落笔之时，思绪万千，头脑里萦绕多个画面，有三年求学的酸甜苦辣，有导师的谆谆教导和言传身教，有父母妻儿的音容笑貌，有同门同窗的真诚帮助。本书得以完成，得益于众多师长、亲人和朋友的鼓励支持和帮助。

需要感谢的首先是我的导师郑秉文教授。提起导师，我的脑海里自然就会冒出六个大字"传道、授业、解惑"。郑老师学问之道人生之道并举，言传身教并重。从一入学，老师就严格训练学生的学术思维方法，培养学生对学术的热爱，更让我受益的是老师学术研究"越走越窄"的精深专研和对我们初稿的精细修改和不厌其烦的讲解和强调。导师在授业上重在授渔，重在培养学生学术研究的思维方式、国际视野和对学科热点与研究前沿的感知和把握能力，具体写作则在参与项目过程中通过"干中学"潜移默化提高。导师的解惑，既重视讲解理论及个人的理解和倾向，又时常提醒要保持 Open mind，体现了一个谦虚谨慎的学者对治学的严谨和对学问的敬畏。本书就是在老师从前期的兴趣培养、资料储备、科研训练，到选题、写作、修改及最后的成稿一路指导下完成的。在生活上，老师像父亲一样，对我和我的家庭给予极大的物质帮助和精神支持。师恩似海，难于言表，唯有更加努力学习、科研才能回报师恩之万一。

同时，非常感谢潘锦棠教授、朱俊生教授、张车伟研究员、邵德兴教授在开题答辩中提出的意见和建议。感谢研究生院许多优秀的老师，他们的课程增进了我的知识，开阔了我的视野，也要感谢研究生院和政府政策系的所有老师三年来的支持与帮助。

政府政策系的同窗和同门师兄师弟师姐师妹都在学术和生活上给我提供了很多帮助。特别是房连泉、齐传钧、郭鹏、赵三英、宋佳、杨洋、喻建欢、吕俊叡、张占力、李焕哲等对我的论文提出了中肯的意见和建议，赵秀斋师妹提供了部分很有价值的参考资料。对此，深表谢意。

工作以来，山东工商学院的领导和同事在生活上给予我多方面的关心、支持和帮助，在学术上给予我许多启发和指点，对本书写作大有裨益。最后，感谢经济科学出版社的顾瑞兰编辑，在时间紧、工作量重的情况下，她认真出色进行了编辑，保障了本书的顺利出版。

本书是在我的博士论文基础上修改完成的，由于写作时间和本人的能力和视野有限，书中难免存在不足甚至错误，敬请各位老师批评指正。

李亚军